新版 人間苦の解放宣言

生長の家練成の功徳の秘密

★

谷口雅春著　吉田武利編

日本教文社

＊旧版のカバーに掲載された著者の揮毫より
「人間苦乃《の》解放宣言　此處《ここ》に天國《てんごく》現前《げんぜん》す」

はしがき

人類の生活にはいろいろの人間苦が充満している。釈迦は生老病死《しょうろうびょうし》の四苦から人類を解放する真理を知るために出家して、ついに仏陀となる道をひらいて仏教の教祖となられた。イエスは人間苦から解放されるためには人類が「すべての人間は〝神の子〟である」という真理を知らねばならぬことを悟《さと》って「汝《なんじ》は真理を知らざるべからず、真理は汝を自由ならしめん」と宣言し、みずからを「我は真理なり、我は道なり、われを信ずる者はわれより大なる奇蹟《わざ》をなさん」と予告を与えたのであった。

しかし釈尊《しゃくそん》出《い》でて三千年、キリスト出でて二千年、その多くの弟子たちの尊い努力と伝道とにもかかわらず、人類は少しもよくならず、科学いよいよ発達して公害ますます激しくなり、道徳すたれ、国と国とは戦いをやめず、民族たがいに相反目し、赤旗いよいよ繁《しげ》くして同一民族にてありながら尚《なお》も国内に相せめぎて傷つけ合い、人間苦の終熄《しゅうそく》はまったく不可能の如《ごと》く見えるのである。

　それは何故であるか。釈尊は〝一切衆生悉《ことごと》く仏性《ぶっしょう》有り〟と説かれたのに、仏法を伝える弟子たちは、「罪悪深重《ざいあくじんじゅう》の凡夫《ぼんぷ》」であると人間自身を軽蔑し、内在の仏性を覆《おお》いかくして顕《あら》われしめることを怠《おこた》ったのである。またキリスト・イエスはすべての人間を〝神の子〟であると観《み》、天にまします神は、「我ら人類すべての父」であると宣言したに拘《かかわ》らず、所謂《いわゆ》る〝教会キリスト教〟の多くは、〝神の子〟はイエスひとりであってその他の人間は、皆〝罪の子〟であると説き、およそ、その教祖と異《こと》なることを説いて人間の実相なる自性《じしょう》円満・万徳具備の〝仏性〟又は〝神の子〟を覆いかくしてしまったからなのである。かくて人間たちは、互いに〝神の子〟として尊敬し合うことなく、互いに相手を〝罪ある者〟として軽蔑し合い、疑い合い、逆らい立ちて、人類たがいに色いろの形で戦い合う地獄世界を築きあげたのである。

　彼らは「罪悪深重の凡夫」という言葉が暗示となって多くの人々を罪悪にまで誘惑することになっていることを知らず、「罪の子」と人類を蔑視《べっし》する言葉を吐《は》くことによって、再び彼らをして罪を犯さしめる暗示となることを知らず、「コトバは神なり」

と聖書は説けども、依然として人間を「罪の子」と称し、そのコトバの力にて却《かえ》って人類を呪詛《じゅそ》することを平然と今も続けているのである。

人は〝名づけたる所のもの〟となるのである。「罪の子」「罪悪深重」と名づけられたる人間は常に罪業《ざいごう》の惰力《だりょく》を背負うて再び罪をおかすのである。彼らは自分を〝罪の子〟と信ずるが故に、自分自身を赦《ゆる》すことが出来ない潜在意識をもっていて、みずからを自己処罰するために重ねて罪を犯すのである。それが人間界に色々の艱《なや》みや不幸を生ずる根因になっているのである。

およそ、これらの艱みと不幸とは、釈尊の教えが悪い結果でも、イエス・キリストの教えが間違っていたのでもないのである。その真理を祖述《そじゅつ》すべき弟子たちがその教えをかくの如く歪《ゆが》めて伝え、その教えを正しく生活に実践しないで、ただ人類の罪を強調する説教教理に堕落せしめたからである。「われを信ずる者はわれより大なる業《わざ》を為《な》さん」とイエスは証言したに拘らず、イエスよりも大なる奇蹟を行い得るキリスト信者は出て来ないのは当然のことである。

併《しか》し見よ、爰《ここ》に釈尊の教えが、そしてイエス・キリストの教えが、本当に正しく理解せられ、実際に生活に応用せられ、「人類本来の無罪」を宣言する哲学が出現した。それが「生命の実相」哲学である。この哲学を学び、それによって自己の生命を練成するとき、その人に自覚の転換が起り、自覚が転換すると共に、今まで〝迷い〟の業《ごう》力《りき》に翻転《ほんてん》せられていた人々の人生がクラリと暗黒から光明に一変する。そして、病は癒え、失意は去り、家庭は調和し、経済状態も一変する。それは本書の第五章に収録した多くの人々の生きた体験が実証するのである。

その自覚の転換のための魂の練成に道をひらいたのが、日本全国各地及びカナダ、アメリカ、ハワイ、メキシコ、ペルー、ブラジル等に設けられたる生長の家の道場であるのである。

本書に収録されている体験はその極々《ごくごく》一部分であって、この〝生命の実相哲学〟によって救われた人々の体験記録は『新生活を開いた人々』等その体験談を集成した書籍が八巻を出版されているのである。

本書は、これらの体験を生ずる魂の練成修行の原理と方法とを、道場の実際に即《そく》して、その練成の指導講師を長期にわたって受持って来た吉田武利氏が編纂《へんさん》したものを、更《さら》に私が校訂し、章を加えて、完璧なるものとし、道場で指導する講師のためにも指針となると共に、現に道場の練成に参加して自己の魂を向上せしめんとする人々にも、教えの根本をよく理解し得て、練成の効果を一層顕著ならしめるために、練成の内容、その精神、その奥にある哲学を易しい言葉をもって開示したものである。本書と共に吉田武利氏の新著『今ここ道場』及び、楠本加美野氏が類纂《るいさん》した『生命《せいめい》の實《じっ》相《そう》』の別冊『人類無罪宣言』をお読みになれば、練成修行と共に本来〝人類無罪〟の哲学が潜在意識の奥底にまで滲透《しんとう》し、〝人間・自性円満〟の明澄《めいちょう》なる大自覚に到達して、あなたの人生がそのまま天国浄土に変貌《へんぼう》するにちがいないのである。最後に「菩《ぼ》薩《さつ》、心浄《きよ》ければ其《そ》の土《ど》浄し」という『維摩経《ゆいまきょう》』の聖句を引用してこの序文の結びとする。

昭和四十八年五月十三日

著者しるす

新版　人間苦の解放宣言

目次

新版凡例

一、本書の初版発行は昭和48年6月10日である。
一、本書に登場する人物の氏名・年齢・肩書・住所は当時のものである。
一、第五章の体験談はすべて谷口雅春先生御講習会において発表されたものである。
一、新版として発行するにあたり、活字を大きくし、振り仮名を増やしたが、内容に変動はない。
一、本書には今日では差別的とされる表現があるものの、原文尊重のためそのままとした。
一、本書に述べられている「隣保班」「最寄会」「明治憲法復元運動」などは当時のもので、現在は行われていないが、原文尊重のためそのままとした。

株式会社　日本教文社

第一章　合掌の功徳と練成会の由来

智慧《ちえ》の光に、愛の温さを加えて色々世話をやくように智と愛との十字で曼陀羅《まんだら》を織《お》らせるのが見真道場《いのちのゆには》である。これから人を救うための天使の霊の宿っている善《よ》き人たちが諸方から此《こ》の道場《ゆには》へ集まって来て、奇蹟《てほん》を此《こ》の道場《ゆには》で見せる。

（『いのちのゆには』の神示）

一　拍手および合掌の意義

生長の家の練成道場へはじめて参加する人たちが第一に驚くことは、玄関《げんかん》の入口に一歩入ると、道場の職員たちが、その人を合掌《がっしょう》して「ありがとうございます」と唱《とな》えながら礼拝《らいはい》してくれることである。初めて参加した人のなかには、色々の悩みをもっていて、少しも人生がありがたくないと思っている人たちもたくさんある。そのような人達は、

「ここは瘋癲《ふうてん》病院とちがうか。何が一体ありがたいんだろう。このありがたくもない自分を拝《おが》んでいやがる」と思ったりするのであるが、やがて数日たつと、その合掌礼拝感謝の意義がわかってきて、自分もまた、合掌礼拝する人間になってくるのである。そこからその人の幸福生活が始まる。

玄関で先《ま》ず「ありがとうございます」といって拝まれる――その時、既《すで》に魂の練成

が始まっているのである。それが道場の練成第一課なのである。

○

互いに相手の完全な神性《しんせい》（又は仏性《ぶっしょう》）を観《み》て礼拝、感謝する人たちばかりが集っている世界が〝天国〟であり、〝極楽浄土〟なのである。互いに欠点ばかりを認め、自分の利益を得るために相手を攻撃したり、いじめたりする者のみが集っている世界が地獄なのである。

今、地球上は、亡者《もうじゃ》と、亡者をいじめる鬼どもの集っている地獄になっているのである。天国も極楽も地獄も、或《あ》る場所や地域のことではないのであって、自分たちの心の状態が具象化《ぐしょうか》した世界なのである。

○

合掌の最も美しい形を、私が最初に見たのは一燈園《いっとうえん》の創始者である西田天香《てんこう》師の合掌であった。

天香師が列車の窓から合掌して私たちを拝んでいられるその姿を見たとき、私は崇《すう》高《こう》な感じがしたものである。

それは「合掌」という形が尊いのではないのである。合掌から〝光〟が出るようでなければならないのである。

それは対者《あいて》に宿る神性・仏性の光を心の眼で観て拝むのであるから、「光を観る心」からは「光が射《さ》す」のである。

○

神道《しんとう》では神拝《しんぱい》のとき拍手合掌するのであるが、キリスト教では、神に祈るとき合掌するだけで拍手をしない。それでアメリカの生長の家の教化道場で、神拝のとき拍手する日本人の儀礼を不思議に思って「なぜ、神を礼拝する時、拍手するのか」といって尋《たず》ねる外人が多いのである。そういう質問を受けて、昨年、外人宣教師から転じて、生長の家の講師になったゴーゾラさんが返答に困って私に質問してきたことがある。私は多忙のためにその返事を書いていないので、私の理解している範囲の拍手と合掌の意義をここに書いて置きたいと思う。

わたしたちの肉体の生理作用は神経系統を流れる一種の電磁気作用によって支配されている。蛙《かえる》の筋肉の運動なども、それに感応電気を通じることによって収縮したりして相当重いものを持ちあげる実験ができるのである。心臓が正常な生理作用を営んでいるか否《いな》かが、心電図をとって見てわかるというのは、心臓の生理作用が電気的流れに支配されていることを表わしているし、その人の脳髄のはたらきが正常であるか否かを脳波によって測定することが出来るというような、日常茶飯の出来事からも電気的流れが生理作用に関係をもつことを推定することができるのである。

つまり人体というものは一種の非常に複雑な装置を含む蓄電池みたいなものなのである。そして左右の掌《てのひら》および指先は蓄電池の陰陽両極みたいなものである。私たちはその両極たる両手を合掌することによって、人体の電気的流れを正常化する効果があるのである。

○

人間は猿属の子孫ではない。人間は〝人間〟という〝神の子〟たる〝理念〟の実現として出現したところの別殊《べっしゅ》の種族であるということを私は常に説いてきたのであるが、昨年アフリカのケニヤで、ケニヤ博物館の館長が二百万年以前に埋没していた人骨を発見し、類人猿が人間に進化したと推定されている五十万年以前よりも、ズッと以前に遡《さかのぼ》って現在の人間の頭蓋骨《ずがいこつ》と同型の発達した頭蓋骨をした人間が既に棲《す》んでいたことが立証されたのである。つまり、類人猿から人間に進化する以前に既に人間があったのである。それはとにかく、人間が猿属の子孫でないのは次のようなことからも判《わか》るのである。

すべて四つ足で歩く獣類は、前肢《まえあし》に生《は》えている毛は、雨に濡れても、下へ下へと水《すい》滴《てき》がしたたって内部へ滲《し》み込まないために、四つ足の姿勢のときに下方へ向ってその毛が蓑《みの》のように生えているのである。

ところが人間の前膊《まえうで》に生えている膚毛《はだげ》を、よくよく見て見給《みたま》え。その膚毛は退化して極めて薄くなっているけれども、胸前に合掌したときにその膚毛が下方を向くように生えているのである。すなわち人間は、本来〝合掌種族〟として生れたので、合掌したとき、その膚毛が蓑の働きをして雨滴をはじくように設計されているのである。もし人間が獣《けもの》のように四つ這《ば》いになって前膊《まえうで》を立てて見たら、その膚毛は上方を向いて生えていて、もし雨が降ってきたら蓑のはたらきが出来ないで水滴がすぐ皮膚に滲み通ってくるのである。これによって見ても、人間は本来、合掌種族として生れたものであって〝四つ這い種族〟の進化したような劣等種族の子孫ではないことがわかるのである。

○

人間が本来、合掌種族であることが判明するならば、わたし達が合掌するとき本来の姿に還《かえ》るものだということになる。本来の姿に還って合掌するとき、人体の〝両《りょう》掌《てのひら》〟という両極が結ばれて人体を流れる電気的流れが一層正常になるのである。そして病気せる場合、人体の電気的流れが異常となることが脳波や、心電図にあらわれるとするならば、合掌によって人体の電気的流れを正常にするとき、その生理作用も一層よく本来の正常な姿に還り、一層健康になることは当然だといわなければならないのである。それゆえ合掌は、生理作用を健全にする功徳《くどく》をも備えているのである。

○

合掌したとき人体の霊的電気の流れが活潑《かっぱつ》になるために、その人の霊媒《れいばい》的感度が強くなるのである。したがって合掌修行中往々《おうおう》にして霊動を起すことがあり、霊動が起ったことを嬉《うれ》しく思ったりしていると、その心の隙《すき》に乗じて〝浮動の迷霊〟その他のいたずら好きの霊が感憑《かんぴょう》して来て、その人が霊媒的素質のある人だったら、霊媒現象といって巫子《みこ》のように〝霊の言葉〟を告げることがあったりする。この〝霊の言葉〟を立派な高級霊や、宇宙の創造神が神懸《かんがか》りましましたなどと有頂天《うちょうてん》になってはならない。「七つの燈台《とうだい》の点燈者《てんとうしゃ》の神示《しんじ》」に〝本当の神は霊媒にはかからぬ〟と示されていることを忘れてはならないのである。

神想観《しんそうかん》においては霊動が起らないで、静かに坐して実相を観ずるのである。もし稀《まれ》に霊動が起ったならば意識をもって霊動を止めて、念ずべき言葉の静慮瞑想《めいそう》に入るがよい。それでも霊動が止まらなければ両手の合掌を解くと、人体電流の手掌における回路が切断されるので霊動は起らなくなる。

○

さて、合掌が人体電流の手掌における回路のスイッチを入れたことになることがわかれば拍手の意義も判ってくる筈《はず》である。切断している電気回路のワイヤーの両端を接合したり離したりする実験をすると、その度毎《たびごと》に火花《スパーク》を発したり、電波をその接点から発信したりするのである。その接点から発する火花や電波は、接点の大きさや、電流の強さや、ワイヤーの太さその他の条件によって異《こと》なる波長の電波を発するのである。

それと同じく人間の掌《てのひら》の両極を強く拍《たた》いて合したり離したりする拍手の行事は、人体電気の両極を突如《とつじょ》として合したり、離したりすることになるので、その度毎《たびごと》にその人特有の霊的電波を発信することになるのである。すべての人は、その指紋の異ると同じように、掌《てのひら》をはじめ人体の構造には個性があるので、拍手の度ごとに各人から発信する霊的電波の波長も異るのであって、それを感受し給《たま》う神々又は高級霊は、その個性ある拍手の霊波に従ってどこの誰《だれ》が拍手してその霊波を発信しているかということを知り給い、その発信に対して応答すべきや、放置すべきやを決し給うのである。

だから、神を拝するとき、拍手するのは、自分の電話番号を相手に知らせるのと同じことになっているのである。

◯

茲《ここ》には仮りに霊的電波という語を使ったのであるが、人体を通じている電波は、単なる物理的電波ではないのである。放送音波が物理的電波に変って空間を渡ってラジオセットに感受させて音波に復元されて、吾々《われわれ》がラジオを聴く。この場合は音波が電波に、電波がまた音波に変って、相互交変《インター・チェンジ》するのであるが、それと同じく人間の精神が起す霊波は人体を流れる電気に変化して筋肉や内臓を緊張させたり弛緩《しかん》せしめたりして生理作用を調節したり、筋肉を収縮せしめたりして行動を起すのである。人の心が起す霊波が人体を流れる電波に交変可能であるから、私は仮りに霊的電波という複合名称をつけてみたのである。

○

関西のある医科大学で禅宗の僧侶が坐禅しているときの脳波をとって研究をして、その成果をテレビで、その脳波図を示しながら説明しているのを私は視聴したことがあるが、坐禅が深い境に入ると、脳波測定の表示線の波型《なみがた》凸凹が急激な上下動を示さずに、非常に平かな上下の少ない波静かなる線を示すのであった。それは〝心の動き〟という霊的な波動が、肉体の大脳を流れる物理的、電気的流れに影響を与えていることを証明しているのである。つまり心の動きは人体を流れる電流を微妙に変化して生理作用に影響する。坐禅している如《ごと》き平静なる心境における心の波動は、人体を流れる電気的流れに激動を起さないので健康に非常によいということである。

○

心の中に描かれたイメージが、人体を流れる電流に微妙な変化をのせてそれを、ある内臓に伝えると、その内臓がそのイメージを伝えられそのイメージの通りの塊《かたまり》をその内臓につくるのである。それが諸種の内臓の癌となってあらわれるのである。それは、あるイメージを乗せた電波がテレビの受像セットに感応してそのイメージの光景を画面にあらわすのと同じである。

ある宗教教師に指導されたり、ある宗教の道場で講義をきいたり、練成を受けたりして、その人の心境が変化し、脳髄放送局から人体に送られるイメージが「健康なイメージ」になると、それを受像した内臓が健康な姿を実現することになるのである。

二　練成道場設立と合掌行事の由来

生長の家の練成道場で〝合掌〟が恰《あたか》もその練成行事のごとく行われるようになったそもそもは次のようなことから始まる。

わたしは人間をただの〝肉の塊《かたまり》〟だとも物質だとも見ないで、皆〝神の子〟であり〝霊的実在〟であるという人間観に立っているから、自分が教祖で他の人は一段下の弟子であるというような差別観をもたないで、「法華経」にある常不軽菩薩《じょうふぎょうぼさつ》のように、すべての人間を合掌して拝《おが》むのである。その拝むのは、形を真似《まね》て拝むのではなく、心底から礼拝《らいはい》して拝むのであるから、相手の心を打つのである。

ある日、私は、講演会で名古屋の鶴舞公園にある公会堂の演壇に立って、いつものように聴衆に向って合掌してお辞儀をしながら「ありがとうございます」といって礼拝した。あとで聞いたところによると、その聴衆の中の誰《だれ》かが、「あの谷口さんのお辞儀の仕様が気に入ったから私は生長の家の信者になった」と述懐されたそうである。

また終戦まもなくのこと、ある長野県の温泉都市で講習会がひらかれた。地許《じもと》の幹部たちは私が朝風呂が好きなことを知っているが、終戦直後で、早朝に朝風呂を沸《わ》かしてくれる宿はないのである。私はある誌友《しゆう》のお宅で泊めて頂いたが、そのお宅には風呂の設備がないのであった。ところがその町の親分クラスの人で立派な邸宅をもち、自宅に温泉が沸き出て、朝からお風呂が立っているので、その親分を知っている生長の家の幹部の人がその親分に頼み込んで、私をその自宅のお風呂へ入れてもらうように幹部が取りはからった。それで私は朝早くから幹部の一人に伴《ともな》われてそのお宅へ案内され、湧《わ》き出る温泉にひたって、あがる前に、私はお風呂に合掌して拝み、垢《あか》を流した汚水の吸込み口に合掌してお礼をいってお辞儀をしていた。

ただそれだけのことである。その時、その邸《やしき》の持主である親分が、わたしが多少、長風呂をしているので何をしているのだろうかと思って、お風呂の扉をソッと細目に開いて覗《のぞ》いてみたのだそうである。すると私は合掌してお風呂を礼拝し、流し口の吸込み口に合掌してお辞儀をしている光景がその親分の眼に映ったのであった。親分は生長の家の教義も何も知らないのである。

しかし、私のその動作の中にその親分は〝生長の家〟が如何《いか》なるものかを親分の魂が感じとったのであった。そして、あとで親分が、私をそのお風呂に紹介した幹部にその有様を見た時の感動を語り、生長の家の信者になったということであった。

戦前に高野山の金剛峯寺《こんごうぶじ》の講堂で講習会をひらいたことがあった。大阪の難波《なんば》駅から高野山の麓《ふもと》まで電車に乗るのだったと憶《おぼ》えている。多勢の熱心な誌友や信徒がプラットフォームに立って私を見送っていた。新幹線の列車のように窓のひらかない箱ではない。私は窓から首をのり出すようにして両手を合掌して見送りの人たちを拝んでいた。

その時、ひとりの汚れた身窄《みすぼ》らしい服装をしていた背の高い男が窓口まで人垣をかきわけて私に近づいて来た。そして普通人より大きな手を出して、

「先生握手して下さい」と彼は言った。「私は先生が合掌していられる姿を見たとき、名古屋の公会堂で先生の講習会を聴いたことを思い出したのです。先生は演壇に立っ

て『皆さん、ありがとうございます』といって合掌なさいました。その時の合掌の姿と同じ姿を今、電車の窓で拝見しましたので、生長の家の先生だと憶《おも》い出したのです。あの時、生長の家に入っておればこんなことにはならなかったのだ思います。私は今日、刑務所から出て来たところなんです。娑婆《しゃば》へ出てどうして生活しようかと考えていた時に先生の合掌の姿を見たのです。それで私は今後の生活の行き方を知らされたのです。先生、私に握手して下さい。これで私も新たに生れ更《かわ》って生長の家の生き方で生きればよい、という自信が出来たのです」

私は、今日、刑務所を出所して来て、いかに生くべきかに迷っている青年が、私の合掌によって救われたことを知って嬉《うれ》しかった。

私は、この青年の掌《てのひら》をしっかり握った。青年も私の掌をしっかり握ってしばらく放さなかった。

その時の高野山の講習会で、観普賢菩薩《かんふげんぼさつ》の神想観《しんそうかん》を私は公表したのであった。

神示《しんじ》には、「遠くにいて救われている者もあるが、近くにいても救われぬ人もある。仕方のないことであるが不憫《ふびん》である」と示されているが、完全に現象から超脱する悟《さと》りに入らないと、過去の業因《ごういん》にふり廻《まわ》されることになるのである。

その頃、戦争中に軍に徴用《ちょうよう》されていた山脇高等女学校の旧校舎改造の道場は、軍用につかわれていたので爆撃の的になって焼けてしまった。

その跡《あと》にバラックの道場を建てたが手狭《てぜま》であった。（この道場が改造されて、ただ今は学生道場になっているのである。）

もっと広い道場を欲しいと思っている時に、尾道市の講習会へ行ったら、医博の高《こう》亀良樹《かめ》さんが熱心な誌友で、東京都調布市飛田給《とびたきゅう》という所にもっている療養所がある。売りたいと思っているという話をされたので、「僕に売ってくれませんか」といった。「売りましょう」ということになったが、「私は今お金を持っていないのですが、各所の講習会での受講料収入で毎月月賦《げっぷ》で支払えば一年半位《くらい》で返済することが出来るが、それでよければ、売って下さい」と私は言った。そうして買い求めたのが、あの飛田給の旧練成道場であった。

その頃、私は月賦で、その土地建物代を支払うために、各都市をこまかく講習して歩いた。一ヵ月に二十ヵ所以上も講習することもあった。愛媛県だけでも松山、今治、八幡浜、新居浜、宇和島という風《ふう》に五ヵ所位、講習会をひらいた。そのうちのどの町だったか忘れたが、当時、随行員としては本部講師のK氏が同伴していたのだった。その町の講習が午後四時に終ると宿に帰り、入浴して夕食後、随行の本部講師を中心に誌友会が午後七時から始まることになっていた。Kは夕食を早目に切り上げて、もう既に誌友会場へ出かけたものだと私は思っていたら、隣室からKの声が聞えて来るので、〝どうしたのか〟と思って隣室へ行って見ると、Kはその家の主人と一緒に晩《ばん》餐《さん》をいただきながら酒が出たのでそれを飲んで酔《よい》が廻《まわ》って誌友会が午後七時から自分を中心にして開かれるということを忘れているのだった。こんなのが「近くにいても救われぬ人があるが不憫《ふびん》である」と神が仰《おお》せられる人に属するのだと、その時私は思った。Kは今は既に故人になっているが、霊界では悔改《くいあらた》めて既に救われていると思うが、現実界ではその人の名誉を惜《お》しむために、ここには本名を書かずに、Kという符号にしておいたのである。

私は、Kをこのまま私の随行員にしていると処々で不都合を演じてはならぬと思って、本部の理事長宛に手紙を書いて、K本人には「急用が出来たので、電文のような短かいものでは用が達しないので、手紙を書いたので、この手紙をもって本部へ帰って理事長に手渡して下さい」といって、本人には人前で恥をかかせてはならぬと思って、叱《しか》ることも何もしなかった。一般にも、本部宛に急用が出来たことにして置いて、その次の講習会場になっている高知市から徳久克己《とくひさかつみ》氏を呼んで、私の随行者になってもらった。それが飛田給に練成道場が出来る過程になったのである。神は暗黙のうちに救済の歩を進めてい給《たま》うたのである。

徳久氏は高知から阿波池田、徳島、高松等の講習会場をズッと私と一緒に旅しながら、私の生活を見ておられた。私は、「飛田給の病院を買って道場にするつもりだったが、進駐軍の黒ん坊の兵隊と情交して妊娠し、半黒の混血児を妊娠したのを恥じて自殺する婦人などが頻々《ひんぴん》とこの頃出ているので、それらを救うために、飛田給の病院跡を道場にしないで無痛分娩産院にして母体も胎児も共に救うようにしたい。それで、〝ちょっと待て！　妊娠して処置に困っている婦人よ。速まることをするな。無料で無痛分娩させてあげて子供は預って育てて学校も出してやる〟というような広告をしたいと思っている」というような私の抱負を語って、〝君は産科婦人科の医学博士だから、東京へ来て、その産院の院長になってくれないか。ともかく、その病院跡を視《み》て下さい〟といった。そして徳久氏は飛田給の病院跡を視察して、〝これなら来てもよい〟という気持になられて、高知市の医院を畳んで上京せられたのであった。

徳久氏は上京すると、そのような百人以上も産婦を収容する産院の開設についてはその当時、進駐軍の民間情報局（？）の許可を受けねばならぬことになっていたので、たびたび進駐軍の事務所へ往《い》って、「妊婦を無痛分娩させて、生れた子供を育てる慈善事業的産院を開設する」ための許可を得ようとしたが、その方面の係長で大尉相当官の女医である米人が、「アメリカでは無痛分娩は麻酔剤を使って産痛を麻酔せしめ、次《つ》いで子宮の収縮を促《うなが》す薬剤を注射して胎児を子宮から絞り出す方法を用いているが、宗教で無痛分娩させるなんて、アイ・ドント・ノー。そんな医術と宗教とを混同したようなものに許可は与えられない」と言い張って、許可がどうしてもおりなかったのである。

その許可がおりなかったことが神の摂理だったのである。では仕方がないから、赤ん坊を産み出す産院にする計画は中止して、もう立派に育った青年や大人を一ぺんに「神の子」として産み出す練成道場にしようというわけで、飛田給に練成道場が開設せられることになったのである。そして一方では生長の家社会事業団に戦災遺児を育てるための「神の国寮」を建設することになったのであった。その「神の国寮」は、前には赤坂の花嫁学校跡にあったが、数年前に、東京都内の国立市に新築がつくられ、私の書籍の印税を寄附金として、他の福祉施設のように、諸方から寄附合力《ごうりき》を懇請《こんせい》して歩く必要もなく、経済的には余裕綽々《しゃくしゃく》として経営されているのである。

生長の家の無痛分娩は、蛇にだまされて「知識の樹の果《こみ》」を食ったために楽園からアダムとイヴとが追放されて、エホバ神が女性の代表者たるイヴに向って、「汝《なんじ》は苦しみて子を産まん」と追放直後の宣告をせられた結果生じたる産痛を、「生命の樹の果」（即《すなわ》ち〝生命の実相〟の果実《てつがく》）を食さしめることにより、エデンの楽園に帰還せしめることができたために生じた当然の結果であって、私は『をんな生ける意義あり』の拙著にその実例をたくさん挙《あ》げておいたのであるから、これから結婚する女性、既に結婚して妊娠の可能を前途にもつ婦人、既に懐妊せる予定母親であるような人々にぜひ読んでいただいて「無痛分娩」の自信を深めて置いていただきたいのである。要するに肉体の苦痛又は疼痛《とうつう》は「自分の信念」の反映であるから、自分の信念の中に「お産は苦しいものだ」という信念を残しておくと、その信念の強さ弱さにしたがって、大小の産痛がまだその婦人に残ることになるのである。

いつか歌手の雪村いづみが『婦人公論』でそのアメリカ式麻酔分娩の体験を述べていたが、麻酔薬がきいている出産中は全然苦痛を感じなかったが、出産も済んで後《のち》に、いわゆる〝後腹《あとばら》〟が非常に痛んで、七顚八倒《しちてんばっとう》の苦しみを嘗《な》めたことを書いていた。「薬剤は一つの病気を治して他の病気をつくる」という西洋の諺《ことわざ》があるが、雪村いづみの場合は、薬剤は出産の苦痛を、産後の後腹の苦痛に置きかえたに過ぎなかったのである。

薬剤を用いないで「人間・神の子、本来病気なし、神は愛であるからお産の苦しみを造りたまうはずはないのであるから出産の苦痛は無い」という真理の自覚によって産痛から解放されるならば、「本来無い苦痛」が「他の部分の苦痛」に置き換えられることもないわけであり、これは全的の救いとなるのである。

購入した飛田給の建物に、産院開設が不可能になったので、錬成道場に模様替えすることになり、産院の院長になるつもりで来られた徳久博士が錬成道場の責任者としてそれを経営していって下さることになったのである。

もし、産院をつくらないつもりだったら、徳久博士がせっかく満州から日本の郷里高知市に帰ってこられて、産婦人科の医院を開業し、それが繁昌《はんじょう》しておられ、父母ともに当時高知で健在であったのであるから、いくら私でも開業中の医博の徳久先生に、「医者を止めて、父母住み給《たま》う郷里を去って東京の飛田給へ来て、錬成道場を経営して下さい」と頼む気にはならなかったに相違ないし、また私がそのことを頼んでも、徳久先生は高知市で開業繁栄中の医院を棄てて、前途どうなるかその時には判《わか》らない飛田給の錬成道場などへ来て下さる気持にはなれなかったと思うのである。ところが、神は無限の智慧《ちえ》であり愛である。私が、混血児等、恥かしい子供を妊《はら》んで、自殺でもしようかと悩んでいる女性に無痛分娩させてあげ、その上、そんな子供を産んだことがわかると、世間態《せけんてい》がはずかしいという婦人の場合には、子供の養育および将来の教育を引受けてあげるという〝愛念〟を起したときに、神はその〝愛〟に感応し給うて、神の無限の智慧を授け給うて、幼い子供をボツボツ〝神の子〟に育てる産院よりも、子供も青年も大人も同時に、たった十日間で「神の子」として新たに生れ変ることを得せしめる霊的産院なる〝練成道場〟を造るように周囲の情勢を導き給うたのであった。神さまというものは、このような導き方をなさるものなのである。

随行者のK氏の失錯から、徳久博士を講演数ヵ所を廻《まわ》る間に私の随行者になって頂いたことが神さまの叡《えい》智《ち》の導きだったのである。随行者Kが酒を飲んで、誌友会へ出席の時間を忘れていたことはけしからぬ怠《たい》慢《まん》のようであったけれども、もしこのK氏の失錯がなかったらK氏の代りに徳久博士が随行して下さることにもならなかったし、その随行の途上で「飛田給に産院を開くから院長になって来て下さい」と私が徳久博士に言うことも無かったにちがいないのである。そうすれば、K氏が失錯行為を演じたのは、神さまの「愛の智慧」が一時K氏を導いて、飛田給に生長の家本部練成道場を開設するための下準備をすすめていて下さったのだと解釈することが出来るのである。

この世界には神の無限の智慧と愛とが縦横に張りめぐらされているのであるので、

人間の眼から見たら失錯と見えることが、神の眼から見たら愛の慈手《みて》のあらわれだったりするのである。今はＫは故人であるが、失錯の形で、飛田給練成道場を造るための途上の踏石となって下さったＫ氏に、ここにあらためて感謝するのである。

イエスが「人を審《さば》く事勿《なか》れ」と言い給い、親鸞聖人《しんらんしょうにん》が「善悪総じて存知《ぞんじ》せざるなり」と仰せられたことが真実であることがこの実例でも分るのである。

徳久博士は私の数ヵ所の講習旅行に随行せられたために、私と一緒に生活して、合掌礼拝の相手を「拝む権威」というものを直下《じか》に感得《かんとく》せられたのであった。練成道場の教修科目のスケジュールの大綱は私のアイディアから出たものであるが、それに基づいて細目を定める大任を引受けられたのが徳久博士であった訳である。練成参加者を道場係員が、道場玄関の入口で合掌して拝む行事も、それは単に行事という形式の踏襲《とうしゅう》ではなく、徳久博士が私の講演旅行の随行中に、私の合掌の姿を見て、これが本当の生活であることを感得せられ、その感得が道場員ぜんたいに以心伝心的に伝わって、道場員の〝平常心〟そのままが〝合掌礼拝〟ということになったのである。

三　「神の子」を行ずる練成会の諸行事

すべての人間の実相は、本来完全円満な神性《しんせい》・仏性《ぶっしょう》そのものであるが、その本来相がなぜ現われないかというと、それを自覚しないからである。懐《ふところ》の中に数千万円のダイヤモンドを既《すで》に持っていても、それに気がつかなかったならば、その豊かさが現われない道理である。

しかし「自覚」とは単に知識として知ることではない。まず、自己の自性《じしょう》円満なる実相を知ることが必要であるが、ただ頭脳的知識として知っただけでは、まだ力が出てこないのである。それが魂の底深く印象づけられ、信念となることが大切である。『生命《せいめい》の實相《じっそう》』の〝生活篇〟の「はしがき」に書かれているように、真理を知識的に知ることは貯水池に豊かな水が湛《たた》えられていることを知ることである。知っただけではまだその水は自分のものにならないのである。貯水池の水が地下を通る輸送管（潜在意識）に流れ入らねばならぬ。しかしそれだけでもまだその水は自分の用にはならないのである。最後に私たちは水栓《すいせん》を開かねばならぬ。すなわち真理の〝行動化〟又は〝生活化〟が必要なのである。〝行《ぎょう》〟即《すなわ》ち〝行《おこな》い〟の伴《ともな》わない信仰は空念仏《からねんぶつ》で功徳《くどく》はない。

練成道場はこの〝真理〟を生活する場であり「神の子」を行ずるところなのである。

(1) 聖経《せいきょう》・聖典・神誌の読誦《とくじゅ》および講義——これにより〝真理〟とは何ぞやを知る。

(2) 神想観《しんそうかん》——坐禅的修行によって真理を全心身・潜在意識の奥底まで滲透《しんとう》せしめる。

(3) 無我の奉仕——感謝行《かんしゃぎょう》・愛行《あいぎょう》を通して実践的に無我になることによって、自己内在の実相（神）があらわれ、不完全が消えるのである。

これが〝神の子〟が日々に行ずる生長の家の練成道場における〝顕徳《けんとく》の三行《さんぎょう》〟であるが、三日、五日乃至《ないし》十日間、外界の不完全なコトバを耳にせず、聞かず、道場の浄《きよ》まった雰囲気の中で、この神の子の生活を行ずる、そこにおのずから内在の神性が自覚され、開発され、病いは癒され、不調和は消え、あらゆる人間苦から解放されるのである。

『生命の實相』の〝生活篇〟にある「生長の家の生き方」の第一項目は「朝の時間を生かせ」である。練成会の第一日は、早朝のカッコー・ワルツの明るい音楽の放送から始まる。『生命の實相』の〝聖詩篇〟の中にある真理を歌った詩の放送があったり、これら「真理の言葉」の起床放送と共に起床、洗面、そして、五時十分から神想観、聖経読誦をもって、一日を出発する。

「生長の家の生き方」の第二項目は「朗《ほが》らかに笑って生きよ」である。明るい笑いは自他の栄養剤である。神は光であり、悦《よろこ》びであって、明るさこそは人間の最大の徳性であり、神に近づく第一条件である。人間は嬉《うれ》しいときは笑うが、逆に又、笑うことによって、心が明るくなるのである。この意味で練成会では大いに「笑いの練習」をするのである。

はじめは笑えなかった人も、練習してゆくうちに笑えるようになる。

練成会に父子で来られた方で、お父さんは、いつも息子さんに、

「男というものはめったに笑うものではない」

と言っておって、当のお父さん自身、いつも苦虫《にがむし》を噛《か》みつぶしたような顔をしておられた。笑いの練習で、まず息子さんが笑い出し、お父さんも笑いたくなったが、息子さんの前で今までの手前、笑うわけにもゆかず、一所懸命こらえていた。しかし、とうとう我慢できなくなって、大急ぎで大便所にかけこんで、その中で「アハ……」と思いきり笑って、なにくわぬ顔でお便所から出てみたら、そこに息子さんが立っておって、

「やあ、お父さん笑ったな」

「しまった。せがれ、聞いていたか」

と、父子顔を見合せて大笑いをしたという愉快な体験もある。練成の後半になると、もう心が解放され、感謝と喜びにみたされ、練習しなくとも、道場いっぱいに朗らかな笑いが、響き渡るのである。

「生長の家の生き方」の第三項目は「日時計主義の生活」である。事物の光明面のみを観《み》て、天地一切に感謝する生活である。練成会では徹底的に「ありがとうございます」という感謝の言葉を唱《とな》える。はじめて練成会に来た方など、びっくりして「あ

りがたくもないのに、なぜ〝ありがとうございます〟と言わせるのですか」などとよく質問されるのであるが、これも笑いの練習と同じく心がありがたくなったら、おのずから「ありがとうございます」という言葉がでるが、表面の心でまだありがたくなくとも「ありがとうございます」と唱えると、自然と感謝の心が湧《わ》いてくる。なぜなら、その実相において、既に天地一切に感謝している自分があるからで、それが「ありがとうございます」という言葉を唱えることによって、引き出されてくる。これが言葉の力である。食事の放送でも召集《しょうしゅう》放送でも、必ず「ありがとうございます」という言葉ではじまり、「ありがとうございます」という言葉で終る。朝は明るい言葉の放送で起床し、食事は「食事の神示」の放送により感謝していただき、道場内外の清掃も「ありがとうございます、ありがとうございます」という感謝行として行う。一日中感謝の言葉をとなえ、聞き、夜は感謝の言葉の就寝放送で眠りに入る。そこに天地一切のものに和解感謝の心が湧き、神性が開発されるのである。

「生長の家の生き方」の第四項目は「ひとの生命の実相を礼拝《らいはい》せよ」である。これが練成会の合掌行事である。また、浄心行《じょうしんぎょう》によって、今までの恨み、憎みの心を洗い浄め、祈り合いの神想観で、練成会員相互の実相を礼拝するのである。

「生長の家の生き方」の第五項目は「神の子の自覚に超入《ちょうにゅう》せよ」である。神の子の自覚に超入する行事として、以上のべた行事のほか、講話、輪読会《りんどくかい》、実相円満誦行《しょうぎょう》等があり、神想観は朝夕二回、聖経読誦は一日三回行うのである。

練成道場では、それまで練成会で救われた人々の感謝と悦びの心の波動が充《み》ち満《み》ちている。それにもまして、練成会は不思議な神の導きによって生れたものであり、練成会を指導し給うのは神様であって、練成道場は、神の救いと祝福の霊的波動に満ちているのである。飛田給の練成道場の門に入ったとたんに小児喘息《ぜんそく》や吃音《どもり》が癒されたという実例もあるのである。

次に章を追って、練成会の重要な行事である「浄心行」「実相円満誦行」「祈り合いの神想観」についてその詳細を述べることとする。各地の練成会、道場においても、これに基《もとづ》いて、実修されるよう希望する次第である。しかしこれらの修行は形だけを真似《まね》ても効果がないのである。生長の家の練成修行を指導し給うのは〝神〟であるから、〝信〟の徹底によって後章に収録したような奇蹟的な功徳を生ずるのである。

第二章

浄心行

すべての地上の事件は「物質世界」にあらわれて来る以前に「念《こころ》の世界」でできあがるのでありまして、「念《こころ》の世界」でできたとおりが、物質世界に映《うつ》ってはじめて地上の事件となってあらわれて来るのであります。(『生命の實相』第一巻「心の世界における運命の形成」)

一　浄心行実修本義

〔浄心行の由来〕

まだ私たちが現在〝お山〟と人々が愛称してくれている私の宅で集っていた頃のことである。青木さんといわれる女の方が誌友《しゆう》の集りの最後にひとり残って相談されたのであった。それは慶応医大病院で卵巣嚢腫《のうしゅ》の切除手術を受けたが、その一年後の今日、またまた異常を感じたので慶応医大で、再診を仰《あお》いだところが卵巣嚢腫の再発だということで、再手術が必要だと宣告された。再び開腹手術をするのは嫌であるし、手術をしても再発するものなら、また幾度再々手術しなければならぬかも知れぬということになるかと思うと、手術なしに精神転換で治りたいというので私に相談に来られたのであった。私は、

「そのような夫婦交合の器官に病気をあらわすのは夫婦の不調和の精神状態が肉体に具象化《ぐしょうか》したのである。卵巣嚢腫というのは卵巣に嚢《ふくろ》が出来て、その中に水が溜《たま》るのであるが、水は悲しみの感情の表現であるから、夫婦調和し、夫婦拝《おが》み合いの心境になり、暗い悲しみの感情を明るい悦《よろこ》びの感情にかえれば治りますよ」

と指導したのであった。その後青木さんの卵巣嚢腫は手術しないで消えてしまって青木さんに大変喜ばれたのであった。

ところが或《あ》る日、青木さんがお山の誌友会にやって来られて鎌倉の（或《ある》いは逗子だったかも知れない）自分の女友達が小学校の教師をしているのだが、全身の神経痛で、強烈な痛みが稲妻の走るように全身を走って、その度毎《たびごと》に覚えず「ア痛た!! ア痛た!!」の叫び声をあげなければならない程《ほど》の苦しみようで、それがもう一ヵ年もつづいて無論《むろん》学校へは出勤出来ない、しかもこれ以上、欠勤が続いたら学校から馘《くび》になるというので非常に心痛している、何とかこのような神経痛を治す方法はないでしょうか――というようなお尋《たず》ねであった。

私はその時、「その女《ひと》の家庭は不調和じゃないですか。誰《だれ》かにいじめられるとか、誰かを憎んでいるとかいうような？」とお尋ねした。すると青木さんは、「姑《しゅうとめ》と仲が悪いのです」と答えた。

その時わたしは、次のように教えた。

神経痛というものは心の痛みである。肉体そのものは物質であるから痛むことはない。すべて肉体の痛みは月経痛でも、出産時の陣痛でも、神経痛でも、〝心〟の痛みが肉体に投影されて肉体の痛みとして具体化する。エネルギーというものは、それが形としてあらわれると消える。心に蓄積された〝憎しみ〟や〝恨み〟や〝怒り〟は時々肉体にそれが病気として具象化して発散し自己浄化を遂《と》げつつあるのである。その女教師の神経痛も、日頃の姑に対する憎しみや恨みの感情が、抑圧の飽和点を超えて具象化して発散しつつあるのであるから、その発散を他の形にかえて発散せしめても治るはずである。即ち《すなわ》〝柱〟を〝姑〟だと見立てて、その柱を擲《なぐ》りながら姑を罵《ののし》る言葉を自由に発するなどということもその方法の一つである。

しかしこの方法では姑が隣室で聴いていたら大変であるし、その時は気持がスッとするかも知れないけれども、姑を憎む〝心の根本〟が浄化されないから、一時はスッとしても又色々の問題にからんで憎しみが再生してくる。だから、最も善《よ》き方法は、自分の怒りや恨みや憎しみの感情を、言いたい存分紙に書いて、それをお仏壇の前に供《そな》えて、

「私の心はこのように醜い心です。どうぞ仏様のお力により、この私の心を浄化して下さいませ」と一心にお祈りして、その供えた紙をおろして焼きつつその焼ける焔《ほのお》を眺《なが》めながら、

「これによって私の心の中にある姑に対する一切の怒り憎しみ恨みの念が仏様の慈悲の愛念によって焼除され、浄《きよ》められつつあるのである。今後、私は姑に対して決して怒り憎しみ恨みの感情をいだかないし、姑もまた、神の子であるから、決して私に対して悪意や意地悪の念を起すことはないのである。この燃ゆる神火によって私の潜在意識の中にある一切の邪念は燃え尽きてしまって跡を留《とど》めないのである。だから私も姑も互いに神の子として愛し愛されているのである。ありがとうございます」と念じなさい――と。

それから一ヵ月ほどしてからであった。青木さんが訪ねて来られて、「あの神経痛

の婦人は、先生に教えられた通り手紙に書いて知らせてあげましたら、その手紙が着くと直《す》ぐその通り実行なさいましたところ、即日そのひどい神経痛が治って、今は健康で学校へ勤務していらっしゃいます。ありがとうございます」とお礼を言われた。

この話は、時おり、講習会の席で私が「心が肉体に及ぼす力」の説明の時に話したものである。この話を聴講していた、当時生長の家の宇治修練道場講師をしていた吉田武利君が、修練道場の練成に来る人たちの中には、色々抑圧された憤《いきどお》りや恨みや憎しみの感情をもっている人があり、それが鬱結《うっけつ》して色々の病気やコンプレックスを生じて悩んでいる場合が往々《おうおう》あるので、その鬱結した感情を紙に書いて神殿に供えてその浄化せられんことを祈り、それを聖経読誦《とくじゅ》のうちに焼却することを実行してみようと思い立ったのであった。

それを実行してみると、吉田君は、最初は、これは単なる精神分析的な観念泄瀉《せっしゃ》くらいのものだと思っていたが、聖経読誦の功徳《くどく》もあり、神霊の御加護もあって精神分析的観念泄瀉ではとても得られるはずがないような、その聖経読誦の最中に、肉腫で腫《は》れている首筋をグイと引張るような感じがしたが、聖経読誦後気がついてみると、肉腫が消えていたというような神秘な実例も出てきて吉田君自身も驚いたのである。

この肉腫が消えたという体験は、私の著『私はこうして癌が治った』に掲げておいたが、あらためて紹介すると次の通りである。

大中　みつ子（38歳）

有難うございます。私は大阪府和泉市の大中みつ子と申します。

私は今年の六月二十四日から急に右頸《くび》のところが腫れて痛み出しまして、四十度位《くらい》の熱が続き、とうとう直径五センチもある大きなコブが出来まして、全然頸が廻《まわ》らなくなりました。ちょっとさわってもものすごく痛むのです。最初近くの病院に入院しましたが口蓋《こうがい》肉腫癌という病名でした。何でも右頸の血管の破損で、頸の中と外に腫物《はれもの》が出来て、それで手術をするのにも、血管が切れて生命に関係して来るので、どうにも方法がないというのです。

二十日程入院しましたが、少しも良くならず、今から思うとその病院からは匙《さじ》を投げられた恰好《かっこう》で「もうよいから」と言われて退院し、今度は大阪府立病院を紹介されて八月十六日そこに行きました。府立病院に二ヵ月程通いましたが、やはりよくならず、ここに来る直前まで食事も味がなく、固いものが喉《のど》に通らず、しぼって水のようにしたものと注射とだけで通していました。もちろん仕事も何もせず練成道場に来る直前までズーッと寝ていました。

ところが神様のお導きでしょう。近所で前から御夫婦そろって熱心に生長の家をやっておられる高橋さんが来られまして、

「だまされたと思って練成道場に行ってみないか」とすすめられ、高橋さんの奥様は、「あなたが行くなら私も一緒にお伴しましょう」とまで言って下さいましたので、死ぬ気持で練成道場行きを決心しました。

あとで聞きましたら、

「大中さんは癌と名がついたよって、あんだけ医者に通ってもと入れとるけど駄目《だめ》やろう。来年あたりはもう仏祀《まつ》りしてもらわないかんで」

「あんな癌になって、今さら神さんにすがったところで癒《なお》りそうなことない」などと近所の人は噂《うわさ》していたそうです。

練成道場に来て第一日からもう死ぬ気で頸の曲らぬまま献労《けんろう》しました。すると不思議

に道場の固い御飯が食べられるのです。

練成の四日目でした。吉田講師が、

「今まで怨《うら》んだり憎んだりしたことがあったら全部紙に書いて懺悔《ざんげ》なさい」と言われました。

私は今までちょっと何か気に入らんことがあると、夜中でも相手の家に押しかけて行ってパンパンものを言うような我《が》の強い強い女でした。主人はとても良い人なんですが、それでも何か言われたかて「ハイ」なんて返事したことがありませんでした。私が入院して主人のお父さんお母さんはもう亡くなりまして、私の生みのお父さんお母さんが病院に来て介抱《かいほう》してくれましたが、その時でも、もう感謝するどころか文句たらたら言っていたのが、ここにきて「ああすまなんだ」と、もう気の毒で仕方がありませんでした。

なかでも特に、一緒に家に居《お》る主人の弟さんが嫌で嫌で顔を見るのも嫌でした。向うも何か気にさわると十日も一ヵ月も、ものを言わんのです。私も「私かい、私かて何で、ものいうてやるものか」と、こうなのです。それを十三年間続けてきました。

私は吉田講師に言われて今までの気持を思い切り紙に書いて、終りに、

「今までの心遣《こころづか》い、どうぞ許しておくれ。ここでこう書いて『甘露《かんろ》の法雨《ほうう》』誦《あ》げて今までのこと葬らしてもらうよって、今までのことどうぞ堪忍《かんにん》しておくれ」と書きました。

聖経《せいきょう》をあげながらも、

「今までのことすまなんだ、すまなんだ。許しておくれ。すまなんだ、すまなんだ」

と本当に一所懸命聖経をあげました。それでもう聖経もしまいという時に、誰かに後の首すじのところをギューとおさえられるように叩《たた》かれました。

「おや?!」

と後を見たけれど、誰もいません。首筋を叩かれたとき、「ああ瘤《こぶ》が落ちた」と思いました。首筋をギュッと抑えられるのと、瘤がスッと消えてしまうのと一緒でした。

「おや、瘤が無くなった」

とすぐその場で繃帯《ほうたい》を取って見ました。瘤はなんにも無く、あとがツルツルになっていて首も楽にいくらでも曲ります。

「ああ、ここの瘤がないわ、もう無いわ、もう取れて無いわ」

と叫び狂い、踊り狂いました。

「本当にこんな不思議なことってあるんやろうか」

と不思議でありがたくて、嬉《うれ》しくて、死んで生き返ってきたような、夢のような気持で、ただ涙が次から次へとこぼれました。

それから熱も出ず、お昼のお粥《かゆ》も二杯もおかわりし、神想観《しんそうかん》も一所懸命やって嬉しい練成を終らせていただきました。

練成から帰ってきて、吉田講師が「参考までに瘤のあったときの写真を送って下さい」と言われましたので、たしか一枚あったはずと家中探しましたが、どうしても見つかりません。神様は私の過去の総《すべ》ての写真の影さえ消し取って下さったことと思わしていただきました。帰って翌々日の二十二日皆の人が勧《すす》めますので病院に行って見ました。診断の先生は何だか変な顔をしておいででしたが、「後もう少しゆえ、毎日通院するよう」と温いお言葉を頂き、頸《くび》に繃帯を巻きつけて下さいましたが、病院の門を出るとさっそく、

「私にはもう病気はないんだ」

とその場で繃帯を取って帰らして頂きました。

二十四日から元気に仕事をさせて頂いております。今までは自分の為《ため》の仕事をしておりましたが、今は「皆様に悦《よろこ》んで頂くのだ。愛行《あいぎょう》さして頂くのだ」と感謝の日々を元気

に送らして頂いております。
神様ありがとうございます。谷口先生、本当にありがとうございます。私はこの有難いみ教えを一人でも多く、私の体験を通して皆様に御伝えさせていただきます。ありがとうございます。

（大阪府和泉市池田下町）

現在、各地の練成会、あるいは見真会《けんしんかい》等において、この浄心行《じょうしんぎょう》が実施されつつあるようであるが、我流にゆがめられて、その精神が失われてはいけないので、吉田武利君に、飛田給練成道場で、どのように浄心行を実施しているかを書いてもらって、それに加筆して紹介することにする。

〔記載上の心得〕

浄心行というのは、ひと口で言うと、心の中にある怨みや、憎しみ、恐怖、不安、自分自身に対してとがめる心等の一切の気持を紙に書いて、聖経読誦のうちに、これを焼却する行であります。

(1) 紙に書く場合、自分の現象心の醜い心をありのまま書くことが大切である

浄心行は「懺悔《ざんげ》の神示」の実践であります。「懺悔の神示」には、「吾《わ》が教えは、『罪』の無を説く。本来『罪』なければ、懺悔も不要なりと思うは過《あやま》れり。『罪』は本来『暗《やみ》』にして光にあうとき自滅すれども、包みて光に会わしめざるときは、暗はそのまま暗にして滅ぶるものには非《あら》ざるなり。罪の価《あたい》は死なり。罪を包みて光に会わしめざる結果は死なり。世の人々よ、悪を包み隠すことなかれ。悪を包み隠すは、なお悪に執着せるがためなり。罪の暴露を恐るるはなおその罪に執着せるがためなり。『本来罪無し』の吾が教えを聴きて増上慢に陥ることなかれ。本来罪なしの真理を知るものが、何ぞ罪の暴露を恐れてそれを蔽《おお》うことを敢《あえ》てせんや。『罪は本来ないからこれで好《よ》い』と自らを偽《いつわ》ることなかれ。みずからを偽ることは罪の第一なり。そは、みずからを包み隠しその本来相の顕現をさまたぐるが故なり。されどまた罪を一旦懺悔したる以上は、再びその罪に心を捉えられて、神の分心なる自己の心を苦しむることなかれ。罪は懺悔と共に消ゆるなり。暗《やみ》は光の前に暴露さるると同時に消ゆるならずや。懺悔せざるものの罪は消えず。暴露されざる暗の消えざるは当然にあら

ずや」

と示されております。

人間は自分をよく見せようという心があり、なかなか人前では自分の現象の醜い心はそのままさらけ出し難いものですが、浄心行は一切を見給《みたま》う神様の前に懺悔するのですから、一切のヴェールを捨てて、怨《うら》みの心、憎しみの心、或《ある》いは自らとがめる心を、思う存分、包むところなく、心すむまで書かなければ欝結《うっけつ》している抑圧感情のエネルギーは消えません。

又、こういう気持で書いてゆくうちに、今まで表面の心では忘れたと思っていて、なお心の底に残っていたさまざまの悪感情が次々と思い出されてくるものであります。飛田給の練成を受けられた吉野俊子さんは練成から帰られて次のような体験を報告されておられます。

合掌　ありがとうございます。私は今度練成を受けさせていただいたのは初めてでございますが、こんなにも感動を受けるとは思ってもみませんでした。ことに浄心行の時ですが、私は今まで恨んでいる人、憎んでいる人はいないと確信していましたが、いざ紙を前にして書いて見ると何とも書き切れないほどこんなにもあったのかと思うと、その人達への申し訳なさで一杯でした。

父や母にも私は感謝している……自分ほど父母に感謝している子はいないではないかとさえ思っていました。しかし、練成を受けて私の父母への感謝とは表面《うわべ》だけの感謝だった。心からお父様、お母様ありがとうと言ったことが何回あったかと気がつき、もう申し訳なさでいっぱいでした。

九日の夕方帰宅しまして、早速、お父様お母様有難うございますと、喉《のど》まで出たのですが、声が表に出ないのです。ふるえてしまって、どうしたんだろうと思っている内に、涙がポロポロこぼれてくるんです。

母がどうしたのと声をかけてくれたので、そこで初めて、

「お父様、お母様、ありがとうございます」と言って、

「練成に行かせていただきまして、本当にありがとうございました。自分は今まで感謝しているつもりでしたが、本当の感謝ではなかった。すみませんでした。どうぞお許し下さい」とそれだけ言って、又、ワンワン泣いてしまいました。母が、「お母さんこそ

すみませんでした。貴女《あなた》にそんなに感謝されて本当に幸福なこと」と言って、母も涙をいっぱいためておりました。

こうして父母に心から感謝出来るようになって、もう毎日毎日が本当に素晴しくて、楽しくて、一人でクスクスしてしまいます。

神様は〝今此処《ここ》にいらっしゃるのだ〟ということが分りました。〝神は愛なり〟という言葉の通り、神の子そのままを生かさせていただきます。ありがとうございます。

（千葉県市川市国府台町一ノ二）

(2) 過去に恨んでおって、ただ表面の心で忘れただけでは恨みの心は消えない　だから出来るだけ想い出して書くこと

堺市の入間信之助さんが、練成から帰られて、次のようなお便りを下さいました。

合掌礼拝　ありがとうございます。

先般の練成会では先生の愛念に満ちた浄心行の御指導によりまして、十年来の結核も、頭に出来ていた〝カサ〟も消失しておりましたことを知り、全く真理の素晴しさを

知りただ感謝あるのみです。私は昭和二十七年誌友となって以来真理によって、人間改造を企図して参ったものでしたが、他人の病気を癒《いや》してあげることができても、自分自身の肺結核は、半分癒《なお》って、半分はどうしても癒らん、どうも、生長の家の御教《みおし》えも駄目《だめ》じゃと言う人も現われる始末。しかし、真理に、御教えに虚言《そらごと》あるとは思えなく、どこかに、私の知らざるところに病気の癒されざるところがあるにちがいないと思い、先般の練成会に参加致したのでありましたが、先生の御話をお聞き致したとき、我が母のことが思い出され涙が止めどもなく流れたのでした。

そのときは、まだ父親のことを考えるに至っておりませんでしたが、午後の作業のおりに、ふと父親の顔が心に思い浮び、そして幼年時代のことが、走馬燈《そうまとう》の如《ごと》く思い出されている内に、自分は父親を非常に憎み、恨み、憎悪していることがあったことに気がついたのでした。

私が小学校六年生の夏、父親が死んだのでしたが、父の死後は父亡きさびしさから父を恋いしたい、父をもとめる心はつのる一方でしたので、憎んでいたことなどは少しも考えずに、思い出すこともなくおったわけでした。

ちょうど、汚れた肌着をクリーニングせずに押し入れの中に押し込んで、お座敷のみを掃除して、きれいになったと思いこんでいたようなもので、憎しみの心を潜在の心に、業《ごう》として持っておりながら、〝お父さんありがとうございます〟と、お座敷（表面の心）のみを掃除して浄《きよ》まったと思っていたわけでした。

まことにも仏は虚言を申さず、神よ神よと、いかに神に感謝しても、潜在の心に父親に対する憎悪の心のかたまりをいだきながら、表面の心でいかに感謝してみても駄目でした。

父親を憎んでいた自分に気がつき、それを先生の御指導によって、心から懺悔し、浄心の儀式によって、罪意識から解放された時に、今までの病気が瞬時にして消失したのでした。ここに本来の神の子の円相があらわれ、真の自己を発見することができたのであります。まことに有難うございます。

（大阪府堺市北旅籠町西一ノ一五）

入間さんは、表面の心ではすっかり忘れていた幼年時の父に対する反抗の心が、何十年の間消えずに心の底に働いていていたわけです。過去に恨みや憎しみをいだいておって、それが真理の光に心の底まで照らされて完全に解消してしまっていることと、ただ表面の心で忘れただけで、なおこうした悪想念が心の底に残っているのとは根本的に違います。

自分は過去にあの人を怨《うら》んでおったが、果して、もう心の底から赦《ゆる》し感謝しているか、それとも表面の心で忘れただけで、まだ心の底に怨みの念が残っているのだろうか――自分でもよく分らない場合は、浄心の紙を前にし瞑目《めいもく》合掌して、相手の人の名を呼び、その人の顔を思い出してみる。その瞬間に、自分の心がなごやかに感ぜられ、まぶたに相手の人のニコニコした顔が浮ぶようなら、もう心の底からゆるしていると思って差支《さしつか》えないでしょう。反対にムカッとした心になったり、相手の嫌な顔が思いうかぶなら、まだ心の底に怨みの念が残っている証拠ですから、たとい何十年前のことであろうとも、その当時のその時の感情を思い出し、そのありのまま書きつらねることが必要です。

(3) 真剣な気持で、ありのままを紙に書き、聖経を誦《あ》げて焼く浄心行の火は、一切を浄め給う神様よりの聖なる神火である。

編者の吉田自身の体験を申上げますと、私は最初練成会で、この集団浄心行を指導させていただきました時、これはちょうど、お腹の中に悪いものがあると、下剤をかけて出したらあとがスーッとするように、観念泄瀉《せっしゃ》というか、一種の精神療法程度のものであって、さほど宗教的な行事ではないという位に思っておりました。

ところが私自身が予想していた以上に練成会員の方が真剣に神に祈り、浄心行を行ぜられ、その結果、瞬時に病気がその場で消えるというような奇蹟、体験が多く現われ、実際、目撃した私が、びっくりもし、深い感銘を与えられたのであります。

その結果、悟《さと》らせていただいたことは、真に懺悔の心をもって、ありのままを紙に書き、真剣に聖経をあげて、その懺悔の紙を焼却するとき、聖経読誦の功徳と、懺悔の心が感応し、そこに神霊の御加護が天降《あまくだ》り、その時の浄心行の火は肉眼では、マッチでする物質の火であっても、まことに心の眼をもって観ずるとき、それは一切を浄め給う神様より天降らされた神火であって、浄心行は、神様の力により一切の悪業《あくごう》を消していただく、宗教的な行事なのであると知らせていただいたわけであります。

ですから浄心する人は、浄心の紙に書き記す前に、瞑目合掌して「神様、今まで過ちて長い間心の底に神の子らしからぬ色々の思いをためてきまして、申し訳ありませんでした。只今《ただいま》から、これら悪しき想念をつつまず記して、神様によって浄めさせていただきます」と切に念じて紙に記し、又真剣に聖経をあげることが大切です。

(4) 記載をする人の心境の三段階

第一――「私は別に怨みも、憎しみの心もありません。心の底から浄まっております」という方は、別に浄心行の必要もないわけです。

しかし、以前長崎市内に練成道場があった時、そこではじめて浄心行を致しました時、某講師があとで言っておられました。

「私自身は講師であり、別に浄心の必要もないと思っておったが、あまり練成会の方が真剣に紙に書いているので、私もおつき合いにと書いて見ました。そしたら、いや書くことが出るわ出るわ、こんなにまで心の底にゴミが溜《たま》っていたのかなと驚きました。そして浄心がすんだらその晩から、ぐっすり熟睡できるようになりました」と。

誌友会等で、一ヵ月か数ヵ月に一回位、定期的に浄心行をおこなって、知らず識《し》らずのうちに溜っている心のゴミを洗い浄めることはまことに意義あることと思います。

第二――一方において赦《ゆる》さなくてはならないという心と、一方において感情的、或《ある》いは道徳的になかなか赦し難い気持（自分自身に対する赦し難い気持でも同様です）とが闘っておる場合は、まずその赦し難い気持を包まず、ありのままを紙に書いて、最後に、

「今までこんな気持をもっておって、（或いは、こんなことを致しまして）すみませんでした。今、神様の前でありのままを書き、神様の火で焼いて一切をきよめさせていただきます。ありがとうございます」

というふうにお書きになったらよろしい。

第三――「あの人だけは憎らしくて憎らしくて絶対赦そうという気持もわいてこない」という方は、その赦しがたき気持を気のすむまでそのまま書かれたらよろしいのです。

〔浄心行実修法〕

(1) 記　載

記載は、個人で行う場合は、もちろん一人でお部屋で誰にも見られず書かれたらよい。

集団浄心行を行う時は、その行事の時間割などの関係で一概《いちがい》には申せませんが、飛田給の練成道場等で、初心の方が多い時は、一切の環境・運命は自己の心の展開であり、そこに心を浄《きよ》める必要があること、そして、心の底の想念感情は、懐中電燈の乾電池に潜在する電気的エネルギーのようなもので、病気（人生の一切の不幸の代名詞）というのは、こうした悪想念が病気という形にあらわれて消えてゆきつつある姿なのであるから、それを病気以外の形であらわせば、病気をあらわす必要もなく消えるのであり、病気以外の形にあらわす一番よい方法は、それを文章に書いて、その書いたものを一切を浄め給う神様に捧《ささ》げ、それを焼くのがよいということを説明し、その説明の直後、記載のための一定時間を充分設けて、静かな雰囲気の中で書きたいだけの紙を何枚でもあげて記載に移ります。高校生練成会の時、記載時間に、指導・世話係の大学生の部長さんに、静かに聖経をあげてもらいましたが、聖経読誦により、非常に霊的雰囲気の中で記載が行われました。

もちろん誰にも書くのを見られないようにし、書き終ったものから逐次《ちくじ》「實相」軸の前の三方または箱にそなえます。

(2) 着　座

浄めた火鉢の周りに、先導者と紙を焼却する係りの人が坐《すわ》り、その周囲に円坐を描いて浄心行を受ける人が囲んで坐ります。

(3) 招神歌、懺悔の神示

一同瞑目合掌し、先導者は招神歌《かみよびうた》を唱え、続いて、「懺悔の神示」を読誦《とくじゅ》します。

次に先導者（道場では首席の講師が当って下さい）は真剣に神を念じ、次の意味の言葉を唱えます。

「ありがとうございます。只今から神様のお導きにより浄心行をとり行わさせていただきます。今まで充分真理を知らずして、犯しました一切の過《あやま》ち、心の底に蓄積してきました怨《うら》み、憎しみ、恐怖、嫉妬等、諸々《もろもろ》の悪しき想念の一切を包まず記しました紙を、聖経読誦のうちに、一切を浄め給う神さまの火によって焼却するの儀により、これら悪しき想念の一切を本来の無に消滅させていただきます。ありがとうございます。ありがとうございます」

(4) 聖経読誦、焼却

一同聖経一斉読誦のうち、焼却係は浄心の紙を一枚一枚合掌の中にはさみ、「この紙に記した悪想念を焼却させていただきます」

と念じつつ、火鉢の中で焼却します。聖経読誦が終るころ焼却がすむのを可とします。

聖経読誦の行事は練成道場では三部の聖経のうち、早朝行事に『甘露の法雨』を、昼の行事に『続々甘露の法雨』を、『天使の言葉』を夜の行事に読誦しており、浄心行は夜に行っているので、その順序に従って『天使の言葉』を読誦しております。

浄心は〝人間の力〟によっては完全に行われ得るものではないので、聖経の功徳とそれに感応して働き給う神霊の加護によるものであることをくれぐれも感得《かんとく》すべきであります。

練成道場では、聖経『天使の言葉』の後半に収録されている『久遠《くおん》いのちの歌』を一同瞑目合掌のうちにテープ(栗林千代子氏の独唱になるもの。世界聖典普及協会で頒布)で静かに流している。他の教化部、道場等で浄心行を実施の場合は『甘露の法雨』を読誦せられるがよいのであります。『甘露の法雨』読誦の場合も、そのあとこの『久遠いのちの歌』のテープを流すことは霊界の諸霊を真理に導くために結構なことであります。

(5) 大調和の神示

多数者が集る練成道場の行事としては、一同瞑目合掌のうちに先導者が読誦します。道場では最初燈《あか》りを一部消し周囲を暗くして、(4)までの行事を行い、この「大調和の神示」読誦の直前明るく点燈《てんとう》します。くらい中で浄心の紙を焼くとき、焰《ほのお》の燃えあがるのがハッキリ見えて、今、自分の業因《ごういん》が焼去されつつあるとの深い印象を潜在意識に与えられ、潜在意識の中にある業因が消滅するのであります。

(6) 和解・感謝の祈り

一同瞑目合掌し、先導者厳《おごそ》かに、感謝の心をもって「ありがとうございます、ありがとうございます。只今の浄心行により、今まで過ちて犯しました悪想念の一切を、さながら太陽の前の霜の如《ごと》く、一切を浄め給う神様の火により本来の『無』に消滅させていただきました。今、私達の心は、底の底まで浄められ、感謝と悦びにみちみたされております。ありがとうございます。ありがとうございます」と確信をもって称《とな》え、次いで先導者の指導により、あらためて心から御先祖、両親、家族の一人一人に

感謝し、そして特に今まで過ちて憎み怨みし人に対して、

「私はあなたを赦《ゆる》しました。あなたも私を赦しました。私はあなたを赦しました。あなたも私を赦しました。……

あなたと私とは神において一体でございます。

私はあなたを愛しております。あなたも私を愛しております。私はあなたを愛しております。あなたも私を愛しております。……

あなたと私とは神において一体でございます。

あの時、あなたがああいう姿、態度をとられたのは、あなたが悪いのではなく、私の心の中にそういうものがあったればこそ、そういう姿を見せて私を悟りにみちびく観世音菩薩《かんぜおんぼさつ》様でございました。そして、そうした姿をもってしても、なお、あなたの奥にある実相を拝み得る私のうちなる神の無限の愛を引き出して下さる観世音菩薩様でございました。その観世音菩薩なるあなたに心から感謝いたします。

私はあなたに感謝しております。あなたも私に感謝しております。私はあなたに感謝しております。あなたも私に感謝しております。……あなたと私とは神において一

体でございます。ありがとうございます。ありがとうございます。……私とあなたとの間には、今なんらの心の蟠《わだかま》りもございません。私は心からあなたの幸福であることを信じ祈ります。あなたがますます幸福でありますように。ありがとうございます。ありがとうございます。……」

と、和解感謝の祈りをなし、最後に光明思念の歌をもって終るのであります。

この感謝・和解の祈りの際、時に、あちこちより真に懺悔と、感謝のすすり泣きの声が起り、多くの奇蹟的体験が生ずるのであります。

〔質疑応答〕

問　怨《うら》んでいた相手がもう亡くなってしまった場合どう書きますか。

答　亡くなられても、霊界にちゃんといらっしゃり、念は感応するのですから同じことです。怨みに思った心をありのまま書いて焼き、霊界の御霊《みたま》に和解し感謝されたらよいのです。

問　怨んでいる人がたくさんある場合はどうですか。

答　何人でも思い出されて次々とお書きなさい。

問　誰も怨んでいないのですが、悪いことをして自分で苦しんでいるのですが……

答　人に言えないその苦しい気持、「ああ、こんなことをしてすまなかった。なんと罪深い私であろうか」という気持を思う存分紙に書いて神様に消していただき、後は「本当にそんな罪を犯したことのない自分だった」と、大懺悔の世界、光明一元の世界にお入りなさい。

懺悔には小懺悔と大懺悔とがあります。悪いことをして「ああ、すまなかった」と思うことは小懺悔で、これは尊い大切なことですが、いつまでも「すまなかった、すまなかった」とすまないことをした自分にひっかかっていますと、「すまなかった」と思いながら、又、罪を犯したりします。

懺悔の神示に、「罪を一旦懺悔したる以上は、再びその罪に心を捉えられて、神の分心なる自己の心を苦しむることなかれ。罪は懺悔と共に消ゆるなり」と示されています。浄心行で罪を消していただいたら、最後の感謝和解の祈りで、本来罪を犯した自分もなく、犯された相手もない、はじめから「唯仏与仏《ゆいぶつよぶつ》」の光明一元の世界にいる自分を見いだすのです。これが大懺悔です。『観普賢菩薩行法経《かんふげんぼさつぎょうほうきょう》』には次のように書かれてあります。

無量の勝《しょう》方便は実相を思うより得《う》……

一切の業障海《ごっしょうかい》は皆妄想より生ず

若《も》し懺悔せんと欲《ほっ》せば端坐して実相を念《おも》え

衆罪《しゅうざい》は霜露《そうろ》の如《ごと》し、慧日《えにち》能《よ》く消除《しょうじょ》す。

問 私は相手の人のことを何とも思っていないのですが、相手の人が何か自分を誤解しているようなんです。こんな場合どう書きますか。

答 そういう質問をされるのは、やはり「私は何とも思っていないのに、あの人は私のことを誤解していてけしからん、困った奴《やつ》だ」という怨みの念があるのと違いますか。

だからその「けしからん、困った奴だ」というあなたの想《おも》いをありたけ書いて、浄心行で、

「誤解する相手もなく、誤解される自分もなかった。本来、理解し、愛し合っている

あなたと私であった」と悟られたらよいのです。

問　浄心行は大変すばらしい行事だと思いますので、私のところの集りで、毎週やろうと思うのですが、どうでしょう。

答　一概《いちがい》には申せませんが、集ってくる人々が異《こと》なる人々なら宜《よろ》しいのですが、同じメンバーでしたら一週間に一回というのはちょっと多すぎるように思われます。

浄心行で一回懺悔した以上は、もうその汚れた心は消されたとして、あとは感謝の祈りを続けるべきであります。一週間ずつでは、来た人が書くことが無くて、前に書いたことを又思い出して書くというのでは問題ですね。同じメンバーでしたら、一ヵ月に一回位定期的に浄心の集りを催して、その月の間に知らず知らず心の底にたまった塵《ごみ》を懺悔し、大掃除するのが適当と思います。

もっとも個人の場合、急にどうしても我慢できず心が落着かないことが起ったら、そのつどお書きになったらよいことはもちろんです。

なお、家庭でやる場合、書いた紙をそのまま放って置いて、お母さんが「どれどれ、うちの嫁は何を書いたか」と読んで見たら、お母さんの悪口が書いてあった、などということのないよう注意しなければなりませんね。

問　自分に対して腹が立つ場合はどう書いたらよいでしょう。

答　他《ひと》に無性《むしょう》に腹が立つのは自分自身に腹が立っているからです。自分を神の子と拝《おが》めたら、他も神の子と拝めるようになります。だから自分に腹が立ったら「私は何と馬鹿なんだろう、馬鹿、馬鹿」と思いきり書いて、浄心し、そんな馬鹿な自分は本来なかったのだ。すばらしい〝神の子〟の私だけがあったのだと知ることですね。

問　新しい人を集めて浄心行をする場合、あまり説明なしで、いきなり始めてよろしいですか。

答　浄心行は、心の中のゴミを洗いざらい紙に書くことが大切です。ところが、「悪いのは相手で、自分はなにも悪くない、怨《うら》むのが当然だ」という気持があり、また、〝怨んでいると、それが自分の健康・運命を悪くする〟ということが分りませんと、その怨みを全部吐《は》きだして書こうという気持になれない傾向があります。だから、新しい人ばかりの時は、病気も、家庭問題もすべては自分の心の現われであること、すべての人が幸福を願い、健康を求めているのに、案外病気の人が多く不幸な人が多いのは、その人自身の心の底に怨みや、憎しみ、恐怖、罪の意識等の不幸災難をよぶ心があるからであり、幸福を得んと欲《ほっ》せば、まず自分自身の心の底の悪感情を消し、感謝の念を起すことが根本である所以《ゆえん》を簡単でもよいから説明してあげてから実施された方がよいと思います。

二　浄心行による体験例

脊椎の痛み消ゆ

大見　豊（46歳）

私は戦争中、脊椎《せきつい》を打ちまして、それから打ったところがいつも痛く、歩行も困難で、へべれけの酔っぱらいが歩いているような状態でした。ヤケになって酒ばかり飲み、家内も死に、胃潰瘍、痔など病気の問屋でした。今度、近くの「さらしな」という蕎麦《そば》屋さんの奥さんにすすめられて、生長の家について何も知らぬまま、この練成にきました。

浄心行の時のことです。私は、今までの自分の馬鹿さ加減に愛想がつきていましたから、「バカヤロー、バカヤロー」と書きました。

浄心行で、紙を燃やし、お経をあげている最中に、腰の痛いところをバンと打たれました。気がついてみると、すっかり楽に歩けるようになりました。今朝お便所にゆきましたら、汚いものがウンと出ました。今までの心のきたないものが出たんだと思います。

そして何か皆に心から「ありがとうございます」と言われるようになりました。本当にありがとうございます。

（東京都江東区大島町五）

霊の救われることを知る

匿名

私の家は三重県ですが、家にいろんな因縁がありまして、私の祖父が、照子さんという大変好きな人がありまして、東京からその女の人を田舎《いなか》につれてきて結婚すると言ったら、親類中が反対したそうです。それで祖父は親類中の反対にあって、諦《あきら》めて、結婚するからと嘘《うそ》を言って、途中で照子さんを撒《ま》いてしまったんだそうです。照子さんは、とても怨《うら》んで、それから後死んだそうですが、その因縁で家に病気が絶えないんだろうと、お母さんから聞かされていました。

それに私は心から両親に感謝したことがありませんでした。

浄心行のとき、その感謝できない心のあらいざらいを書きまして、その後に、「照子様」として、「あなたが此《こ》の世にいたときの憤りや怨みを、もし霊界においても持っておりましたら、今、この浄心行で私があなたに代って浄心しますから、どうか霊界の高いところで楽しくお過《すご》し下さい」と、照子さんに代って自分が浄心したのです。

浄心行で聖経を誦《あ》げておりますとき、

「ああ、お父さん」と今まで言ったこともない言葉が思わず出て、涙がポロポロ流れ、「ありがとうございます。ありがとうございます」と一心に言っておりました。

その時、自分の郷里の祖父の墓が脳裡《のうり》に浮び、その墓から美しい虹《にじ》がパーッと天にさして消えてゆくのです。そうしたら、言葉では言い表わせないような美しい女の人がニコッと自分に笑っているような気がして、「ああ、これで自分も両親に心から感謝することが出来た。霊界の照子さんも救われた」と確信しました。

家に帰ってみたら、中風だったお父さんが驚くほど快《よ》くなっておりました。

本当に浄心行は、すばらしいと思いました。ありがとうございます。

父母に感謝し、使命感湧く

匿　名

合掌　ありがとうございます。

僕が母にすすめられ、道場へ行くと、ちょうど、浄心行の説明をしておられます。にくみ怨んだ人があったら、そのことを書けとのこと、はて誰かな――と思いましたが、友人や対人関係は浅くて一時的な人が多く、誰も思いつかないのです。で、室《へや》へ帰ってみると、同室の人のところへお母さんが来ていまして、いろいろ心をくばっておられる姿をみて、親はありがたいものだなーと思ったら涙が出て来ました。はずかしいので、「聖経」の間へ行ってみますと年取られた父のような人がいるのです。それで父を想《おも》い涙がまた出て来ました。いたたまれなくなって講堂へ行きました。

考えてみると、僕は父母に反抗していました。年寄《としよ》りっ子で、一人ぽつんと生れて、話し相手がいないので、どうしてこんなさびしい所に生れたんだろうと思い、さらに大きくなってからは父が金銭的に全く無欲で地位や名誉を全然無視して、一人室《へや》で本を読んだりするだけなのを、そんなことだから家は貧しいんだとうらんでいました。家はおもしろくないと思って高校の時から毎日映画をみたり、喫茶店でゴロゴロしたり、パチンコや不純な異性との交際をしたりして、やっと入った大学も落第ばかりしていました。母は心配して病気になりました。

そして母が死にそうになった時でも、うるさい、おふくろがいなければ、もっと自由に遊んでやれると思って平気でいました。そして危篤《きとく》になって、意識が母からぬけ出て荒涼たる平野をどこまでも歩いて行こうと進んで行った時、神様が現われて、今死んでは子供はどうなるか、もどれ！　と言われると、ハッとして意識がもどり、次の朝から回復したと母が後で語ってくれました。

こんな生活を続ける僕も自分は駄目《だめ》だと思い、自殺しようと思いました。風邪をひいて肺炎を起しかけている時、これなら確実に死ねるだろうと思って、一度に睡眠薬を百錠一気に呑《の》んでしまいました。そしたら隣の室《へや》で寝ている母がその日にかぎって眠れないでいると、僕のかすかなイビキが聞える、おかしいなと思って室へ入ろうと思ったが鍵がかけてあるので入れないのを、どこをどうしたか入って、病院に救急車を呼んで運んだが、あいにく急な患者がいて、何時間かした後、僕を診《み》たが、助からないと言った。母はなんとかたのむと言ってようやく手当をして、三日ねむり続けた僕を助けてくれたのです。後で母は神様はあるんだね、お前が眠っているイビキが「生きたい、生きたい」という声になって聞えた、と言いました。ところが、それからも僕は〝生きていたくもないのになんで助けたりしたんだ〟などと言って反抗していましたが、何年か以前、兄が『生長の家』という雑誌を取ってくれてあったところから、道場でも行こうかと思ったのです。そしたら次の日、母が「飛田給というところへ行かないか」と言うので、「それでは」ということで来たわけです。

　そんな気持を紙に、二、三行書いたら涙が出て来ました。ああ、俺《おれ》はなんという馬鹿な男だったろう、そうだ、父がそういう欲のない純粋な生き方をして人生を渡って来たことは何という気高い徳の多い父であることか……その子に生まれた僕はなんという幸福者であろうと、一切世間の富や地位がなくても、愛行《あいぎょう》と神の御心を生かす使命で生きてゆける僕なんだ、神様が僕を導いたのだと思った時、〝ああ、これで救われた〟と感じました。その時、〝お母さんすみません〟と同時に思いました。するとお前は何も悪いことはない、ただ言うことを聞けばよいのだよと優しい母の面影《おもかげ》が浮びました。

　浄心行がすんだら、とてもすがすがしい気持になりました。浄心行の最中、神の精霊が僕の背中をやさしく撫《な》でてくれました。「お前は神の愛子《まなご》だよ」という神様の声が聞えたような気がしました。その夜、感激してこのことを話したら室《へや》の人も喜んでくれました。次の朝『聖使命菩薩讃偈《せいしめいぼさつさんげ》』を読んでいたら「或《あるい》はみずから進んで神より選ばれたる聖使命を感得《かんとく》して」という所が目に入りました。僕はこの生長の家の聖使命を受けましたのでこれから愛行に励んで行こうと思いました。家に帰ってこの話をしたら、母は喜び僕に合掌して僕をおがみました。父は黙って僕の手をかたく握りしめました。それですべてわかりました。親孝行は一切の源《みなもと》であるということを。これがわかれば、さらに社会へ、祖国への愛と進んで行ける！　という自信がわいてきました。母は毎朝『聖使命菩薩讃偈』をよみ、もう少しで千回読誦《とくじゅ》します。私が道場で浄心行をしていた日の夜、母は何だか嬉《うれ》しくなって一晩眠れなかったそうです。

帰ってさっそく、青年会の同志と国旗日の丸を持って、各家庭を訪問し、祭日には必ず日の丸を掲げることに御協力下さいと言いながら、国旗を売る愛行に務めました。そしたらどこの家庭でもご苦労さんといって励ましてくれました。終った後の気持のすがすがしいこと、ただで働くということがいかに喜びを感じるかよくわかりました。そして気がついたことは、親はいつもこのただという気持で子供の幸福を願っているんだなあということです。この気持を忘れずに愛行にはげもうと思います。その夜寝たら、兄（生長の家を初めて教えてくれました）が美しい透明な霊体になって家の仏壇の前にすわった夢を見ました。〝ああ人間は神なんだなあ、あの美しい水晶のような玲瓏玉《れいろうたま》の如き存在が人間の本当の相《すがた》だ〟と思ってその夜は涙が流れて眠れませんでした。ありがとうございます。

父母に感謝し、祖国愛にめざめる

平井玉子（中学二年生）

私は二ヵ月前から脊椎《せきつい》の下がすごく痛んで学校に行って机に腰掛けていても、立つ時になると痛くて上がれませんでした。

私は父をすごく憎んでいました。父が朝鮮人だったからです。父は若い時に日本に来て母と一緒になり、私達を生んで下さいました。小学校に上り、二年の頃になると、お友達が、すごく私を「朝鮮人、朝鮮人」といって、からかいました。

私はそれから父を憎みました。でも表には出しませんでした。

中学に入り、くわしく地理・歴史を学ぶにつれ、国に関係することが出てくると、もう泣きたい位《くらい》でした。日本に来て、こんなに苦労するなら、いっそ来なければ良かったのにと思いました。

でも、そういうことは、父に言いませんでしたが、母にはすごく皮肉を言いました。父に文句をいうと叱《しか》られるので、母に当って言ってしまったんです。そのことが脊椎の方に関係してきてしまったのですね。

浄心行のとき、心から父母に感謝することが出来ました。私が、今、ここに生れていなかったならば、こんなに素晴しいみ教えを知ることは出来ずに、人生の幸福も味わってゆけなかったでしょう。

又、私をからかった人も、私に朝鮮人と日本人のあいの子という誇りを持たせて下さるためだったのに違いありません。本当に私が悪かったのです。どうしてもっと早く父母に感謝できなかっただろうかと、考えれば考えるほど涙があとからあとから出てきました。お父さん、お母さん、ありがとうございます。

私は、二つの国籍を持ち、二つの国を愛することが本当にうれしい。私を生んでくれた日本も、朝鮮も、仲よく共に栄え、世界平和に貢献するようにと祈ります。

これからも日本のため、朝鮮のため、全力を尽し、一人でも多く生長の家のみ教えに入っていただくよう努力します。そして光明化運動を一所懸命にやり、神様よりいただいた使命を立派に果すことを誓います。

（千葉市）

一人真に心浄《きよ》まるとき、家族の心ともに浄まる

匿　名

私は飛田給練成の浄心行のとき、聖経をあげておりますと、自分でも不思議なほど涙が次から次へと出てきました。自分自身の心では、そう感激もしていないのに、涙だけがものすごく出て来るのです。不思議でたまらず、浄心行が終ってから吉田講師に「どうしたわけでしょう」とおたずねしましたら、「それは、きっと、あなたを通して、あなたの家族の人が救われたんでしょう」と言われました。

そんなことがあるだろうかと半信半疑で家に帰ってみたら、精神分裂症だった姉さんがよくなっているのです。聞いてみたら、私が浄心行をうけて涙を出している頃、何か心がパッと明るくなって、それから快《よ》くなったというのです。ああ、やっぱり吉田講師のおっしゃったことは本当だった、私は家族の代表として浄心行をさせていただいたん

だなあと思いました。いのちは一つであるということがよくわかりました。本当にありがとうございました。

第三章　実相円満誦行

太初《はじめ》に言《ことば》あり、言《ことば》は神と偕《とも》にあり、言《ことば》は神なりき。

（「ヨハネ伝」第一章）

一　実相円満誦行実修本義

〔実相円満誦行とは〕

生長の家の教えは「完全円満な実相世界」が既に実在するというのであり、その完全さが現実にあらわれないのは、私達の身口意《しんくい》の三業《さんごう》が浄《きよ》まっていないために、恰《あたか》も曇ったレンズで写真を写したり、歪《ゆが》んだフィルターをかけたままで映画をうつしたりするので、せっかく立派な景色があってもそれを写して現像してみたが、いっこう美しくないのと同じなのである。それで現象世界に実相の完全な姿をあらわすには、身口意の三業を浄めなければならないのである。それで、その浄行《じょうぎょう》を実践することが必要なわけである。

その浄行の修行を身口意の三つに分けて排列《はいれつ》すると、

(1) 実践行（身の行《おこな》いに実践する行）

実践行としては、聖典読誦《とくじゅ》の行、公けのための献労《けんろう》行、祝福班となって戸別に祝福して歩く行、心の悩みを書いて焼却する浄心行《じょうしんぎょう》、他の人に聖典神誌を配布又はその献本の行などがある。

(2) 観行（意《こころ》に観じ念ずる行）

観行《かんぎょう》としては、『詳説神想観』に示されているような色々の観法がある。

(3) 誦行（言葉で口誦《こうしょう》する行）

誦行《しょうぎょう》としては『甘露の法雨』『続々甘露の法雨』『天使の言葉』の聖経読誦の方法があり、多くの障礙《しょうげ》の霊が救われて、医界不治の難症の治癒《ちゆ》せる如《ごと》き例も多多あるのである。

あるいは「ありがとうございます」を一万遍唱《べんとな》える「感謝誦行」があり、また『生活の智慧365章』に示される「スミヨシノオオミカミ」の十言《とこと》の神号を一万遍唱える「神号誦行」があり、次に説明するのは、実相世界の円満さを潜在意識に徹底せしめて、心のレンズから不完全の翳《かげ》を無くする「実相円満誦行」である。

仏典にこういう譬《たとえ》がある。

ある所に一疋《ぴき》のライオンの子が多くの羊の子の群の中で一緒に育てられていた。ライオンの子は周囲の者がみんな羊であるから、そして彼は自分の顔を見ることができないので、ライオンでありながら自分も羊であると思って、羊のような鳴き声を出しておったのである。

ところが、ある日のこと、親ライオンが丘の上にあらわれて一言「ゴォーッ」という雄叫《おたけ》びの声がきこえてきた。この声に羊の群は恐れてそこにひれ伏して慄《ふる》えていた。

しかし、ライオンの子だけは、その親ライオンの「ゴォーッ」という咆哮《ほうこう》する声の響きに、自分のライオンのいのちがめざめて、自分も一声「ゴォーッ」と叫んで、親ライオンのもとに跳んで帰ったという話なのである。

この寓話《ぐうわ》のように、生命の実相《ほんとのすがた》を告げる真理の言葉は、その言葉の響きが、自分の内在の神性をゆりうごかし、実相にめざめしめ、無限の能力を開顕《かいけん》せしめるものであるのである。

生長の家の「七つの光明宣言」の第五に、「吾等《われら》は神の子として無限の可能性を内に包有し、言葉の創化力を駆使《くし》して大自在《だいじざい》の境に達し得《う》ることを信ず」
とあるように、わが実相の円満完全なることを信じ、言葉で「実相円満完全、実相円満完全」と繰り返し唱《とな》えることによって、内部の完全円満なる実相が自覚され、現われてくるのであって、この誦行によって、幾多の体験が報告されているのである。

〔実相円満誦行実修法〕

実相円満誦行は、もちろん一人で実修してもすばらしいのであるが、集団で実修するときは、交響楽のように精神および誦声《しょうせい》の共鳴が起って効果が著《いちじる》しいのである。集団実修の場合は、先導者の指導により次の如く行う。

(1) 始め

一 礼拝《らいはい》――「實相」の本尊《ほんぞん》又は懸軸《かけじく》あるときは、その本尊又は懸軸に対し、二拝二拍手一揖《ゆう》。

二　招神歌《かみよびうた》——先導者朗誦、一同瞑目《めいもく》合掌。

三　先導者の言葉——

「只今《ただいま》から実相円満誦行をはじめさせていただきます。この実相円満完全と唱える言葉は、肉体の自分が唱えるにあらず、わが内なる実相円満完全なる神のいのちが内より発顕して鳴りひびくのであり、従って実相が顕在となり、全世界を祝福浄化せしむるなり。ありがとうございます」という先導者の言葉をもってはじめる。

我々が人間の実相は円満完全であるという真理を聞いて「そうだ」と信じ得るのは、我々のうちに既に円満完全なる神のいのちがあるからである。しかして「実相円満完全」と唱えるその自分は円満完全なる「実相の自分」なのである。円満完全なる実相の威神力《いじんりき》、われに廻向《えこう》して「実相円満完全」と唱えしめるのであって、実相円満完全なる吾《わ》がうちのいのち鳴り響いて「実相円満完全」と唱えしめ、この言葉の響きによって、既《すで》にある実相円満完全なる相《すがた》が一層完全に顕現するのである。

なお、地上に諸々《もろもろ》の争いや憂苦が絶えないのは、争いのコトバ、悩みのコトバが充満しているからであって、この闇のコトバを消すのは、光のコトバ——善《よ》きコトバである。地上に善きコトバが充満する時、地上は天国浄土となるのであって、実相円満誦行を実修するに当っては、単に個人の何か御利益《ごりやく》を求める気持でなく、自分が神様のラッパとなって「実相円満完全」と唱えるこの光の言葉の響きにより、全世界、全宇宙を祝福、浄化するのであるという気持で実相円満誦行を実修せられたいのであって、この意味で先導者の前記の言葉をもって誦行を実修するのである。

(2) 誦行実修

一同正座（神想観《しんそうかん》の坐法）、合掌しながら先導者に声を揃《そろ》えて「実相円満完全」と唱える。時間は十分、三十分、一時間等、その時に応じ連続して唱え、特にきまりは無いのである。

(3) 終り

一　光明思念の歌……先導者「やめー」と唱え、一同誦行を終り、続いて、先導者「光明思念の歌」を朗誦、一同瞑目合掌。

二　礼拝、二拝二拍手一揖《ゆう》。

三　「実相円満誦行を終ります。ありがとうございます」という先導者の言葉をもって終る。

〔誦行実修上の注意〕

(1) 瞑目

誦行実修中、目は閉じても、開いてやっても構わない。ただし、誦行中万一霊動を起すような傾向の人があったら、その人は目を開き、合掌をほどいて、両膝の上に掌を置いて、意識をもって霊動を静止して誦行し、特に自分自身の円満完全な実相を、一言、一言、じっとみつめる気持で実修されたらよい。霊動の起る原因としては、何らかの霊術（生気術とか本能療法とか、霊子療法とか、霊媒《れいばい》術とか、霊動術とか）の伝授又は施法を受けたもので、先師の霊波の影響を受けているためか、又は本人が霊動することを歓迎している場合にもおこるのであって、霊動を歓迎してはならない。霊動を喜んでわざとしていると、低級の霊が感応して来て悪い結果を招くことがある。

(2) 誦行で唱える言葉

真理の言葉を口唱する行としての誦行には、聖経読誦以外に、

〃実相円満完全〃と唱える「実相円満誦行」
〃ありがとうございます〃を唱える「感謝誦行」
〃スミヨシノオオミカミ〃の十言の神号を唱える「神号誦行」
の三つがある。

このいずれをおやりになっても素晴しいのであるが、集団誦行の場合、これ以外に、勝手の言葉を唱えていると、それに感応する低級霊又は邪霊がやって来て危険な結果を生ずることがあるから、指導者は注意を要する。

(3) 誦行と観行

「神想観の代りに実相円満誦行をやってよろしいでしょうか」とか「神想観中に誦行をやってよろしいでしょうか」という質問があるが、神想観は「静慮」であって、心に実相を観じ念ずる「観行」であり、「誦行」は真理の言葉を口で唱える行で両者は別個であるから、神想観は神想観として、誦行は誦行として、混同することなく実修されたい。

なお、心に「実相円満完全」と念ずる観法としての神想観に「実相円満観」がある。

これは基本的神想観の最後の念「最早《もはや》、われ生くるにあらず、神の生命《いのち》ここにありて生くるなり」と念じて、その念の極、つづけて「実相円満完全、実相円満完全、……」と念じつづける観法である。この場合はもちろん、観法であるから、「実相円満完全」というのは声に出さず、心で念じつづけながら、最早われ生くるにあらず、自己がそのまま如来《にょらい》（仏教信者の場合）であり、自己がそのまま天照大御神《あまてらすおおみかみ》（神道者《しんとう》の場合）又はキリスト（基督《キリスト》者の場合）であるところの霊光輝く霊身を瞑視《めいし》するがよい。

二　実相円満誦行による体験例

誦行中母の笑顔が浮ぶ

阿部　トモ子（30歳）

私は小さい時から母さんに感謝ということを全然知りませんでした。それというのが、弟が三つ口で、弟の方にどうしてもお母さんの愛情が行っているんじゃないかということと、それから次に生れた妹が双児《ふたご》だったものですから、どうしても私はお母さんを信じられず、自分のお母さんという気がしないで、いつも反抗心ばかり起していたんです。

そのためか、私にはロクなことがなくお手伝いさんになっても、その家の奥さんに、やたらに反抗しました。タマに山梨の家に帰っても「また来たか」という調子でいい顔をされないんです。この道場にきて、こちらがそんな顔をしていたからだということが分ったんですが、生長の家のご本を読むたびに「ああ、悪い、悪い」と思いながらも、お母さんを思うたびに憎かったんです。

実相円満誦行の時、「実相円満完全、実相円満完全」と唱《とな》えているうちに、私は、前の方で唱えていましたが、うしろの方の皆さんの声が一緒になって、「お母さんと言え、お母さんと言え」というように聞えてくるんですね。

私はたまらなくなって涙がひとりでに出てくるんです。そしたら右の眼の方に、今まで見たこともないお母さんの笑顔が浮んできて、私をみるんです。これで本当にお母さんに感謝できて、とてもうれしかったんです。ありがとうございます。

（山梨市上神内川七四）

子供の魂の救われゆくのを観る

山岡　恵　子（27歳）

私は今まで、生長の家のみ教えは全然知らず、人から勧《すす》められてこの飛田給の練成に初めて来ました。

私は大きな夢を描いて結婚したのですが、長男の嫁ということで、大勢の共同生活でつらいことばかり。結婚生活がつくづく苦しくなりました。そして、その中で子供を育ててゆくということがイヤでたまらず、はじめて妊娠した時も、堕《おろ》そうと思いましたが、「はじめての子供だけでも生んでくれ」とみんなが言うものですから、仕方なく生んだのです。でも次からは、次々と妊娠すると堕してしまったのです。

練成会の五日目に「実相円満完全」の誦行を一所懸命唱えましたが、その時はあまり心に響くものもありませんでした。ところがその晩、夜半の三時五分でした。私の堕した四人の子供の御霊《みたま》が出てきたんです。小さい卵の、真珠のきれいな珠《たま》のような姿で、何百人という「実相円満完全、実相円満完全」というコトバに送られて本当に出てきたんです。

そして、そこに神様がおられ、四つの小さい魂をスーッと救いとられたんです。そして夜明けまで、二時間位《くらい》大勢の「実相円満完全、実相円満完全」というコトバが、川のせせらぎのように耳もとで聞えて来るのです。魂が救われて、高い高いところに行くように思われました。

そして、その二時間の「実相円満完全」というコトバの響きが二十分位にしか感じられませんでした。私はその間、子供に対して、

「本当に、私は悪いお母さんだった。これから絶対こんなことをしないから許しておくれ！」と、心から懺悔《ざんげ》の涙を流し、子供の瞑福を祈りつづけました。

そしたら気がスーッとラクになりました。そしたら、隣りに寝ておられた北海道の樋口さんが目をさまし、

「今、あなたがシンデレラ姫になった夢を見た」と言って、私の手を握ってくれ、「貴女《あなた》の今の手は素晴しい手だ」と言って下さいまして、本当に嬉《うれ》しく思いました。

起床放送のカッコー・ワルツの音楽で起きて、朝の光を見た時、こんなにさんさんと して、美しい光を見たことはありませんでした。周りの世界がみんな変ったようでした。

洗面所で顔を洗う時も、今までザーッと水を出して居《お》りましたが、その朝の水の一滴一滴が、「ありがたい、もったいない」と倹約して使いました。

私はその日から何もかもありがたく、生まれ変ったような気になったんです。私は、はじめてこのみ教えのありがたさというものを知りました。

谷口先生、本当にありがとうございます。皆様ありがとうございます。

（愛媛県越智郡伯方町木浦）

誦行中脚が曲る

小寺博善（59歳）

私は昨年の十一月脳溢血《のういっけつ》で倒れ、半身不随で、右脚が痛くて飛田給の練成会に来ても坐《すわ》れず、右脚を投げ出しておりました。

実相円満誦行の時、〝この時だ！〟と一言一言精魂をこめて本当に一心に「実相円満完全」を唱えつづけておりますうちに、「お前の実相は円満完全だ、脚を曲げてみよ！」という声がしたような気がし、脚を曲げて見ると自然に脚がスーッと曲がり坐れるようになりました。その時のうれしさ！　あとはもう合掌の手の間に涙をポロポロ流し「実相円満完全」と唱えつづけました。

今後私はこのすばらしい谷口雅春先生の御教えのもと、光明化運動に全身全霊をつくして働かせていただきます。ありがとうございます。

（埼玉県所沢市下安松三九九）

危篤の叔父、シャックリが止まる

伊藤　静子（42歳）

私は飛田給の練成をうけましたが、途中七日の夜、ちょっと用があって夫と共に叔父《おじ》さんの家に行って見たところが、びっくり致しました。

叔父さん（65歳）はもう危篤《きとく》状態で、親類の人達が三十人余りつめかけ、私が行くなり「さぞお力落しでございましょう」と挨拶されました。

聞けば、叔父は六月四日の夕、食事の途中でだるくなり、床に入り、五日の朝、食べ物を全部はき出し、その日の午後三時頃からシャックリが始まり、一時間くらい続いてちょっと休み、またはじまるという状態が続き、医者の診断は血圧で脳血管が切れ、絶対安静ということでした。医者はシャックリが止まれば助かるとの話でしたが、注射しても何してもダメで、ますますシャックリが激しくなり、七日の午後からは、私達が行った七時ごろまで少しも休みなしに、それこそ身体全体が持ち上る断末魔のシャックリが続き、医者も、もう見放して来なくなり、家族の人も四、五、六日一睡もせず看護していたそうです。

私は飛田給で今度はじめて実相円満誦行をやり、小寺さんの脚の曲った生々しい体験もきき、非常に感激しておりましたから、

「叔父さん、私達が来たからにはもう大丈夫」といって安心させ、叔母さんには「何も考えないで、ただ一心に私と一緒に『実相円満完全』と唱えつづけて下さい」と言って、二人で叔父さんを囲み、一所懸命「実相円満完全」と唱えつづけました。その間、主人は『甘露の法雨』を誦《あ》げつづけておりました。

一所懸命唱えているうちに、シャックリがだんだん弱くなり、病人のいびきの声がだんだん長くなって、ちょうど一時間したときシャックリがピタリと止まりました。小学校三年の孫がそばでのぞきこんで、「おじいちゃんが治った！」とうれしそうに叫びまわりました。それから夜明けまで「実相円満完全」と唱えつづけ、叔父さんはどんどん快《よ》くなってきました。

実は川崎市で谷口雅春先生の御講習会が六月二十八日にあり、叔父も受講券を求めており、その功徳と、聖経並びに実相円満誦行のお蔭《かげ》と一同感謝感激でございます。ありがとうございます。

（神奈川県川崎市井田中ノ町三三一九）

最寄会で実相円満誦行、悦びの輪ますます拡がる

清水　キミコ（白鳩会広島県連合会長）

広島県の白鳩会では、『白鳩』誌百部一括頒布運動の方達が中心になって、各地でたのしい最寄会《もよりかい》の集りを開いております。時間は午前の十時から十二時までで、時間厳守です。毎月一回、熱心なところは毎週一回開いております。愛行で神誌の献本を受けられた方が、読んでみたら、すばらしいことが書いてあります、私も入れさせて下さいと、最寄会に見えられます。最寄会の集りの内容は、

○　神想観――谷口雅春先生の神想観御指導のテープで致します。

○　『白鳩』誌による輪読会――「箴言《しんげん》」を一人ずつ拝読し、時に応じ、体験又は感想を話し合います。いろんな不平、不満の話が出たら、絶対「ハイ」と拝む心に導くようにします。

○　実相円満誦行――全員輪になって致します。何か問題のある人は、その人に輪の真中に坐ってもらって、その人の本来の実相を祝福して、みんなで誦行します。

この誦行で、いろんな体験がでております。最近、福山市水呑町の小林浪子さんから

（この方は脳腫瘍で、十年前両眼失明されたのですが）、「実相円満完全、実相円満完全」と唱え続けられましたら、フト、部屋のテーブルの脚が見え出し、太陽の明るさが見えてきましたと、悦び一杯の電話がかかってまいりました。

これから、ますますこの光の輪を拡大しようと、白鳩会一同張り切っております。ありがとうございます。

（広島県三原市本町）

〔あらゆる機会に真理の言葉の誦行を〕

東京都の村山さんは、家族全員で毎朝十分間、実相円満誦行をはじめるようになってから、家庭の中の空気が一層明るくなったと言われた。

また、埼玉県越谷《こしがや》にある後藤孵卵場関本工場では、朝礼に、従業員全員、実相円満誦行をはじめてから、職場の空気が一段と明るく、仕事の能率も上がったということである。

禅に「動中《どうちゅう》の工夫《くふう》は、静中の工夫に勝ること、その功徳百千万倍」という言葉がある。工夫とは、心を常に真理に向けるよう工夫することである。

正坐合掌して、真理の言葉を誦行することと同時に、お洗濯をしながら、電車に乗りながら、道を歩きながら、「実相円満完全、実相円満完全」と誦行することは、わが実相の円満完全なる自覚を動中も常に持《じ》する行として、まことに有意義である。

第四章　祈り合いの神想観

地方の信者たち互いに団結して祈り合え。家族同士互いに祈り合うべし。祈りて癒《い》ゆるとも自己の力にあらず、神の力なり。本《もと》を忘るべからず。

（懺悔の神示）

一　祈り合いの神想観実修本義

祈り合いの神想観《しんそうかん》とは、いろいろ問題を持っておって、祈ってもらいたい人を前にし、その人（複数でも宜《よろ》しい）と向い合って坐し、その人のために、一人で、或《あるい》は多数で心を合わせて、その人の実相を祈り合う神想観である。

神想観は、神の御心《みこころ》に吾《わ》が心の波長を合わせる行事であり、神の御心は、無我の愛であるから、自分のことは少しも思わず、ひたすら相手の幸福のために祈るところの「祈り合いの神想観」は、最も神の御心に叶《かな》った神想観であるのであって、この愛の心が神に通じて、神の救いの霊波が天降《あまくだ》り、種々の奇蹟的体験がこの祈り合いによって起るのである。

祈り合いの神想観は、祈る人、祈られる人、共に正しい心構えをもって、真剣に祈ることが大切である。

次に祈る側の人と、祈られる側の人それぞれの心構えを述べる。

〔祈る側の人の心構え〕

多数で祈るときは、一人の先導者の先導をもって行うのであるが、その場合、先導者は、

〝この祈り合いは、自分が神さまのお使いとして祈らせていただくのであり、今、目の前に祈られんがために出てこられた方は、既に実相の世界で癒されているのであって、この祈り合いによってその実相のあらわれる機縁の熟された方であり、祈りは必ず叶えられるのである〟という信念と自覚をもって祈りの先導をすることが肝要である。

さて、祈る側の人全体の心構え――

(1) 同悲の心を起すこと

相手のために祈るということは、譬《たと》えてみると、相手のシャツの汚れを電気洗濯機で洗濯してあげるようなものである。

相手のシャツを洗濯するためには、まず、相手がどんなに汗臭《あせくさ》かろうとも、相手の

ところに近づいて行って、

「さあ、シャツを洗濯しましょう。貸してごらんなさい」と言って、まずシャツを自分の手許《てもと》に取り込むことが必要である。

祈ってもらいたいと出て来られた人に対し、

「あの人は、これだけお話をきいているのに、まだあんなことを悩んでいる。悟《さと》っていないねえ」

などという気持は、シャツを自分のもとに取っていないのである。

「友の憂《うれ》いに我は泣き、我が喜びに友は舞う」という友情をうたった歌があるが、相手の悩みを見て、「もしも、私があの人の立場だったら、どんなにつらいことだろう。あの人の悲しみは、我が悲しみだ。何とかしてあげたい」と、真に相手の悲しみが悲しみと感じ、共に手をとり涙を流さんばかりの気持となるとき、相手の悲しみを我が吾がうちに摂取《せっしゅ》されるのである。相手の汚れたシャツを自分の手許にとり込むことになるのである。

聖書には、イエスが他の人のために祈った心がよく示されている。ラザロが死んで、その家族達が嘆き悲しんでいる所にイエスが来たとき、「イエス涙を流し給《たま》えり」とある。

相手の人の苦痛や嘆きに対して、この、共に涙を流すほどの同悲の心があってこそ、神癒《しんゆ》が行われるのである。

(2) 実相直視と感謝

まず、相手の悲しみで汚れたシャツを自分のところに取り込むことが祈り合いには大切であるが、その汚れたシャツを自分のところに抱えこんだまま、いつまでもそれを持っていたら、自分までが汗臭く、汚れがしみ込むことになる。すなわち、うっかりすると、自分が相手の病念を背負いこむことになるのである。

次にすることは、そのシャツを洗濯機の中にスッポリ放り込み、洗濯機のボタンを押すことである。

洗濯機にシャツを放りこみ、ボタンを押すというのは、神様の世界にクラリとふりむいて、完全円満なる実相を直視《じきし》することである。

先ほどのキリストの祈りで、キリストまず涙を流し給うたのち、次にラザロに対し

「死せるに非《あら》ず、眠れるなり。起《た》ちて歩め」と宣言（＝生命《いのち》の宣《の》り＝祈り）し給うた。

するとラザロは起ちて歩み出したとある。

ひとたび相手と自分との生命の一体感をもって、相手の悲しみを我が内に摂取したならば、その相手と一つなる自分自身がクラリと実相の方に振り向いて、すべての罪を赦《ゆる》し、癒し給う神の愛と生命の流れが燦々《さんさん》と流れ入って、その中に満たされ、生かされているさまを心の眼で観《かん》じ、本来病んだこともなく、悩んだこともない完全円満なすがたを、そのまま、ジーッと観《み》つめ、〝既に祈りの叶えられた〟ことを心の底深く信じて感謝するのである。

(3) 力《りき》まず、幼な児の心をもって、ただ観ずる

実相を直視する場合、力む必要はない。

「この私が祈って、相手を治し、よいところを見せてやろう」などと、力むことは無用である。

祈る人の役目は、ただ相手の汚れたシャツを取り込んで、それを洗濯機の中にスッポリ放り込んで、スイッチを入れるだけでよい。あとは自《おの》ずから神さまの電流が流れ

入って、洗濯機が回転し、シャツがきれいになるのである。スイッチを押すことは子供でも出来る。そこに必要なのは〝幼な児の心〟である。

たとい目の前に七転八倒している病人の姿があろうとも、そんな不完全な姿は、夢の如《ごと》く、幻《まぼろし》の如く、本来無い！ あるものは、ただ完全円満な神の子のみであるという実在を観じ、神の創《つく》り給《たま》いし世界のみが実在であることを百パーセント信ずる幼な児の信をもって、ただ実相――健全な相《すがた》をジーッと観ずるのである。それがスイッチを押すことになる。吾等《われら》の役目はただ観ずるだけである。すると自ずから電流が流れる、すなわち神の癒す力が流れ入り給う。み業《わざ》は神がなし給うのである。

(4) 相手を癒すには非《あら》ず、自分の心を癒すなり

相手のために祈るにあたっては、「私が祈ってやる」という、たかぶった心をもってはならぬ。

かつて、九州の伊藤清磨講師のところに、近所の人が来て、町内の江口さんという人の奥さんが亡くなられて、残された三人の小さい子供をかかえて、江口さんは頭がおかしくなり、あらぬことを口ばしり、家中に黴菌《ばいきん》がまき散らされていると言って、

家に誰も入れず、小さな子供に食事も与えず暴れているから行って癒して欲しいと頼んできたことがあった。

伊藤講師がその家の仏壇の前で、亡くなった奥さんの霊に聖経を誦《あ》げるため、中に入ろうとすると、江口さんが恐ろしい形相《ぎょうそう》をして玄関に頑張っていて、

「入ってはいかん、入ってはいかん」

と胸をトントンと突き返す。

そこでやむをえず、伊藤講師は家の前に立ったまま聖経読誦をはじめられた。往来であるから、だんだん人が集って来て、伊藤講師を取り囲む。

「何だ、何だ」

「生長の家だ」

「いくら生長の家でも、お経を誦げて気狂《きちが》いが癒《なお》るものか」

などと言う声が耳に入って来る。さあ、そうなると、もしこれで狂人が癒らなかったら「生長の家」の名折れになるというので、聖経を誦げながらも気が気でない。

一回誦《よ》んでも、二回誦《よ》んでも気狂いはなおらない。とうとう連続三回読誦《とくじゅ》されたが、

それでも効果がないのである。伊藤講師が「どうしたらよいか」と進退きわまった時、「祈れ！」という内部の声がした。

その声に押されて、もう、恥も外聞《がいぶん》も無く、その場に土下座し、カラカラに乾いた喉《のど》で招神歌《かみよびうた》を唱《とな》え、祈られたのである。

その祈りの最中、どこからともなく、権威ある声が聞えてきた。

「伊藤清磨！　気狂いはお前だぞ！」

その声に対し、

「冗談いってはいけません。私は伊藤清磨、れっきとした生長の家の講師です。気狂いはあそこに暴れております。私はあの人と今まで何の縁もゆかりもない、今日初めて逢《あ》っただけです」と、伊藤講師の常識的な肉体心が反撥《はんぱつ》したとき、権威ある声がさらに響いてきた。

「三界《さんがい》は唯心《ゆいしん》だ！」

その声を聞いた時、伊藤講師は、

「ああ、わかりました。神様すみません！」と懺悔《ざんげ》の涙を流されたのである。

その時、伊藤講師は、

「私は、私があの気狂いを癒《なお》してやろうと思っていたが、何という高ぶった気持を持っておったか。この世界に気狂いありと認めている、その間違った私の心があの人に現われて、ああいう姿をとらしておったのだった、私の間違った想いがあの人を気狂いにしておったのです」と気がついた。そして伊藤清磨さんはこういって祈った。

「観世音菩薩《かんぜおんぼさつ》さま、すみません。あなた様のお創《つく》りになったこの世界は既に完全円満であるのに、それなのに、まだ此《こ》の世に不完全な気狂いがあるなどと思い間違えていたその私の心の迷いを取り去り給え」

この祈りの言葉を一心に繰り返して無我無心の状態に入っていた。そして、幾時間を経《へ》たのか、時間の経《た》つのもわからないで、完全な実相のみ実在するという念のみがそこにあった。

フト、気がつくと、

「もしもし、どうしたのですか」

と、肩をたたく人がある。眼を開いて見ると、正気にかえった江口さんが、自分を心配そうに覗《のぞ》き込んでおられたのである。

これは、まことに他《ひと》の為《ため》に祈る典型であるということができる。

江口さんが一時、精神錯乱の状態であったのは江口さんの心が妻の他界のために乱れた反映が肉体にあらわれたのである。伊藤講師が江口さんに逢《あ》ったのは、その時が初めてであるが、伊藤講師と江口さんとの接触が始まると、伊藤講師の心の状態が江口さんに感応することになるのである。

そして、周囲の人が（伊藤講師を含む）彼を気狂いだと観《み》ている限りは気狂いは治らないのである。「観ることは現わすことであり、観る心は創造《つく》る力をもつ」。伊藤講師の心の中に、江口氏が既に〝神の子〟で健全であることをハッキリ強く知り且《か》つ観ることが出来れば、本来健全であるところの江口氏の実相が顕現《けんげん》するのである。このことを生長の家では、「すでにすべて人は癒されているのである」という。神の子たる人間に病いは本来無いのである。どこにも、だれも「病気の人も、不幸の人もないのである」。すべての人は神の子であり、病気も不幸もないのである。ただ自分が、彼を病気であり、不幸であると「観《み》ていた」に過ぎないのである。

「観《かん》」を変えることが必要である。祈ってあげる者がなすべき役割は、ただ神の造りたまうた実在の世界の完全円満であることを観《み》、それを不完全であり、不健康であると観た間違いを懺悔《ざんげ》し切り、無条件に実相の完全さの前に降伏することなのである。相手を癒すのではないのである。こちらが相手を完全と観る修行である。病気であるのを癒すのではない。自分が彼を病気だと見る心を癒すために実相完全の相《すがた》を祈りの内に思念するのである。

次に掲げるのは飛田給の練成会における坂本秀男さんの体験談である。

ありがとうございます。私はこの練成会にまいりまして、お二人の悩んでいる女の方と知り合いになって、休憩時間のときなど、色々お話を聞いてあげていたのです。祈り合いの時に、私はあの二人の女の方が、前に出られたらよいなあと思っていたんですが、恥かしがって出られないのです。それで私は思わず、その方達の後に行って、「勇気を出して前に出なさい。そして真剣に祈ってもらいなさいよ」と言って出したのです。で、そのお二人の方の前に坐ってお祈りしました。

そしたら瞑目《めいもく》合掌しながら吉田講師が、「今、自分の前にいらっしゃる方々に現われている現象は、みんな自分の心の現われです」とおっしゃったのです。そのコトバが耳を伝って私の大脳に入った時、〝そんな馬鹿なことってあるか。これが私の家族だとか、親戚縁者というのなら少しは話がわかるが、私はあの人達とこれまで縁もゆかりもない。その人たちの不幸が私と何の関係があるか〟――私の頭脳はそう言ったのです。

ところがその吉田講師の言葉を聞いたとき、それと同時に、何か胸の中というか、魂の底というか、魂の底からズーッとこみあげてくるものがあるんです。そしてそのまま合掌していたら、そのこみあげてくるものが全身にひろがって、頭脳で考えていたことがすっかり無くなってしまって、涙がポロポロ、いくら止めようと思っても流れてきまして、

〝今このお二人の方が、こうした不幸せの状態にあることは、実は私に何にも関係のないつもりだったけれどもそうではなかった。ああ、私は、こういうこともあった、ああいうこともあった〟と考えられて涙がポロポロこぼれて、

「本当に私が悪うございます。すみませんでした。私の至らないために、あなたにこんな申し訳ない形を出しましてごめんなさい」と一心に祈りました。

祈りが終って、見ると、お二人とも泣いていらっしゃるんです。後でお二人のところへ行ったら、お二人とも、とても悦んで下さいましてね。私はお二人の肩に手をやりまして——相手の人が男だったら腕の中に抱きしめたい気持でしたが、御婦人なので遠慮しまして、「よかったですね」と申し上げたのです。私はその時に涙が出てきましてね、本当に相手のために一所懸命祈って救われたのは私なんだ、この二人の方は菩薩《ぼさつ》様だったと悟ったのです。そして私は、以前にも練成をうけに来たのだけれども、自分のことばかりを考えていたのが間違いだったと悟りました。私は、この瞬間の体験を得さしていただいたことは、何ともいえぬ感激です。今も全身がありがたさで震えています。ありがとうございます。

（札幌市南一九条西一四丁目）

〝祈ってあげる人〟も〝祈ってもらう人〟も、赤の他人で、何の関係もなかった人間同志だと思えるのであるけれども、そのような人達は〝類業《るいごう》〟〝類縁《るいえん》〟によって〝一体《ひとつ》〟に結ばれているのであって、その祈ってあげる人が、相手の実相完全な姿を真に悟ったら、相手と共に自分自身が救われ、相手が癒され、自分が癒されることになるのである。

もっと広義に考えるならば、地上のすべての人類は〝類業〟〝類縁〟によって一体なのである。だから、ある最高の聖者は「世界の人類が一人でもまだ苦しんでいるのは、私ひとりの罪である」と言い切ったのである。〝罪〟とは〝包み〟隠していることであり、一人でもまだこの世に苦しんでいる人があるのは、自分がまだ、全人類が皆神の子・完全円満であることを真に観《み》る境地に達していないその罪のあらわれだという意味である。

さて、その後、一年半ほどして坂本さんが再び飛田給を訪ねてこられて、次のように言われたのであった。

「練成会から帰りまして、その後現象的には色々のことがありましたが、その度に、あの祈り合いの時本当に自分を忘れて祈ったあの気持を思い出し、そうだ、あの気持でやれば、どんなことでも解決するんだと進んできました。本当に、祈り合いの、あの体験は、私の生涯を永遠に導く光です」

祈り合いをして、祈ってもらう方にも体験がでるが、それ以上に、祈った人の方に、より多くの感激と悦びの体験が出るのである。しかし、坂本さんの体験を単に実験心理学上の出来事だと考えると間違いなのである。吉田講師が唯《ただ》あれだけの発言をしたのに、坂本さんが非常な感激をして嗚咽《おえつ》がとまらず、さらに深い真理の体験を得たことは、この練成会を指導してい給《たま》う神の指導と加護とが加わっていることを見のがしてはならないのである。

練成に来て、神想観《しんそうかん》をして、いつまでたっても手が痛い、足が痛い、雑念が湧く、「私は何とつまらない人間だろう」と劣等感を持っていた人が、祈り合いの時、同室の人が、その人に祈って欲しいと前に出た。

「よし！　今日はもう自分のことなど、どうでもよい。あの人の幸福のために祈ろう」と、真剣に祈った。祈り終ってみたら、足も痛くなく、手も疲れない。時間も何も忘れて、涙をポロポロ流して祈っていた。

「自分は今まで、何とつまらない、やくざな人間かと思っていたが、この私の中にも、こんなにまで無我になって涙を流して他《ひと》のために祈り得る神の愛があったのか」ということに気がつき、劣等感、ノイローゼが解消した、本当の神想観の悦びが分った、というような体験が毎月の祈り合いで数多く報告されているのである。

今、こうして、祈らしていただくべく眼の前にある人は、自分の過去の業《ごう》を消し、自分を導く観世音菩薩様なのである。自分が祈ってやるのではない、祈らしていただくのであるという気持が大切である。そこに神の癒力がはたらくのであって、人間の自力《じりき》で奇蹟的治癒が行われるのではないのである。

〔祈られる側の人の心構え〕

(1) 懺悔と、切なる願望

祈られんとする人は「今までこんな病気、不調和になるような心を持っていて、本当にすまなかった。私はもうこんな心ときっぱり絶縁致します」という心の底からの懺悔の心を起すとともに、「われ、真に幸福ならんと欲《ほっ》す。健康ならんと欲す。われただ今より、神の子として、新生せんと欲す」という切なる願いを起し、決意をすることである。かかる切なる願いは、過去の間違った自分を捨つる〝懺悔〟を伴《ともな》うものであり、切なる懺悔がないのは、「吾《わ》れ新生せん」という切なる願いがいまだないのである。

聖書によると、こんな話がある。一人の盲人がイエスを求めて来た。イエスが「汝《なんじ》、何をせられんと我に求むるや」と尋《たず》ねたとき、彼は一瞬もためらうことなく「主よ、我、眼の開かれんことを欲す」と答えたのである。

イエスは彼の願いが切なることを認め、

「汝の願い、神にまで達せり、見ゆることを得よ」といわれたとき、盲《めしい》は癒されたのである。心の底からの切なる願いは必ず叶《かな》えられるのである。

(2) 信　仰

病気、不幸を引きよせる心に、神様というものは罰を与えるものであるとか、人間は苦しまなければ、神に近づくことは出来ないというような誤った信念をもち、自己処罰し、受難礼讃する心があるのである。聖書に「神、その造りたるすべてのものを観《み》たまいけるに甚《はなは》だ善《よ》かりき」とある。神は悪をつくり給わず、悩みをつくり給わず。神様のつくり給うた世界は完全円満であり、既《すで》に自分は救われているのであると信ずることが肝要である。

(3) 報恩、愛行の決意

祈り合いの神想観は、祈る人の愛念と祈られる人の真心が一つになり、そこに神の救いが天降《あまくだ》って実相が顕《あら》われるのである。神の救いをうけるためには、祈られる人も神に波長の合った心になることが大切なのである。

これを例えば、自分の子供が病気になったとする。お医者さんを呼んだら、早速《さっそく》お医者さんが家の前にやって来た。

「もしもしお子さんが病気のお家はこちらですか」

「はいはい、そうです。よくいらっしゃいました」

「病気のお子さんはどこにおりますか」

「奥の子供部屋に寝ております」

「それでは、早速お子さんのところに行って診《み》ましょう」

「いやいや、それは困ります。ここは私の家ですから、他人のあなたを入れることは出来ません。どうか、家の中に入らないで、子供の病気を治して下さい」

これではお医者さんも困るのである。

「何でもよいから、祈って治してもらいたい。自分の心の持ち方など、どうでもよい」と言うのは、この例《たと》えと同じことで、神を迎え入れることが出来ないのである。

神を迎え入れるには、神の心を起さなければならない。それは天地一切に感謝する心と、愛行《あいぎょう》の心である。すべてを赦《ゆる》し、感謝する心になり、それから、一切の悩みは、言いかえると、他人のことは思わず、自分のことばかり考える「自己愛」のあらわれと言うことが出来るのであるから、これを反省し「神様、今後のわが全生涯、わが全心身をあなたに捧《ささ》げます。あなたの手足となって、神様の人類光明化運動に挺身《ていしん》させていただきます。ありがとうございます」と決意し、そして、例えば、自分がまだ聖使命会員でなければ聖使命会員に早速なる。或《ある》いは毎月○人の人を、誌友《しゆう》、聖使命会員におすすめするなど、具体的な愛行の決意をし、これを必ず実践することである。

(4) 祈られたあとの心構え

祈られた人の、今後なすべきことは常に「我既《われすで》に癒されたり、完全円満なり」と信じ、宣言し、そのように行動し、生活することである。「信」は当然「行」を伴《ともな》うのである。「行」を伴わない「信」は本当の「信」ではない。「行」によって「信」が現実化してくるのである。

それはたとえば、手枷《てかせ》・足枷《あしかせ》をはめられて獄屋《ごくや》につながれている囚人のところに、ある日看守がやって来て、その手枷・足枷を外してやり、「さあ、あなたは今日から無罪放免だ。もう青天白日《せいてんはくじつ》の身だ」と言ったとする。この場合、「ハイ私はもう無罪です」と信じ、そのまま素直に無罪者として歩き出し獄から外に出れば、現実に青天白日の下に出るのである。それを「いや、あなたは私を無罪と言いますが、私はまだ現実にこの通り、暗い獄屋の中にいるではありませんか。私はまだ罪人です」と言って自ら外に出て行動をしなかったなら、いつまでたっても青天白日の現実は現われないようなものである。

祈りによって瞬時に悩みが消える場合もあるし、そうでない場合もあるのである。しかしたといまだ現象的に病状を呈《てい》し、不調和が現われているとしても、祈りによって過去の迷いは断ち切られ、既に自分は健康な調和せる状態にあることを知らなければならない。それはちょうど、大木を切り倒した後でも、なおしばらくは木の葉が緑のままであるようなものである。たとい今後不調和なすがたが現われようとも、それ

郵便はがき

料金受取人払郵便

赤坂支店
承認
6241

差出有効期間
2021年3月
31日まで

107-8780

235

東京都港区赤坂
9-6-44

日本教文社
愛読者カード係行

ご購読ありがとうございます。本欄は、新刊やおすすめ情報等のご案内の資料とさせていただきます。ご記入の上、投函下さい。

(フリガナ)

お名前　男・女／年齢　歳

ご住所　〒
都道府県　市区町村

電話　(　)　e-mail　@

ご職業　ご購読新聞・雑誌名

よく使うインターネットサービス名

下記の小社刊の月刊誌を購読されていますか。

□いのちの環　□白鳩　□日時計24

(見本誌のご希望　□いのちの環　□白鳩　□日時計24)

・新刊案内　□希望する　・おすすめ情報の案内　□希望する
・図書目録　□希望する　・メルマガ(無料)　□希望する

愛読者カード

今後の参考にさせていただきます。本書のご感想・ご意見をお寄せ下さい。

◇今回ご購入された図書名

◇ご購入の動機

1. 書店で見て
2. インターネットやケータイサイトで
3. 小社の案内を見て
4. 小社の月刊誌を見て
5. 新聞広告を見て（紙名　　　　　　　）
6. 人に勧められて
7. プレゼントされた
8. その他（　　　　　　　　　　　　）

◇ご感想・ご意見

*いただいたご感想を小社ホームページ等に掲載してもよろしいですか?

□はい　□匿名またはペンネームならよい（　　　　　　　）　□いいえ

◇今後お読みになりたいと思う本の企画（内容）や作者

◇小社愛読者カードをお送り下さるのは今回が初めてですか。

□はい　□いいえ（　　回め）

◆ご注文カード◆

書　名	著者名	定価	冊数

*ご注文は電話、FAX、e-mail、ホームページでも承っております。

*国内送料：一件2000円（税込）以上=送料無料、2000円（税込）未満=送料210円

◇ご記入いただいた個人情報は、小社出版物の企画の参考とさせていただくとともに、ご注文いただいた商品の発送、お支払い確認等の連絡および新刊などの案内をお送りするために利用し、その目的以外での利用はいたしません。

日本教文社

TEL03-3401-9112　FAX03-3401-9139

https://www.kyobunsha.co.jp

*アンケートはPCやケータイ、スマートフォンからも送ることが可能です。

は過去の迷いのすがたが、一つの惰性《だせい》をもってある期間存続しているように見えるだけであって、なんら実在するものではない。それは過去の業《ごう》の現われて消えてゆく相《すがた》なのである。それを現象に心をとらえられ「祈りもやっぱり効《き》かなかったか」などと心を動揺させるならば、せっかく過去の迷いが形にあらわれて消えてゆくのに、又新しい病念をそそぎ込むことになるのである。現象にとらわれず、「我、既に完全円満神の子なり」と信じ、言葉で言い、神の子として勇敢に今、決意した通りの愛行実践にはげむことが大切であって、これにより過去の迷いは速《すみや》かに自壊自消し、急速に実相が顕現する。信仰は確乎《かっこ》として高まり、魂は飛躍的に進歩向上するのである。

次に、吉田武利講師に、吉田講師自身の祈り合いの体験と飛田給練成道場で行っている祈り合いの神想観の実修法について書いてもらったから、掲げることとする。

〔祈り合いの神想観実修法〕

最初、私（吉田）自身の祈り合いの体験を申上げます。

ある夏季高校生練成会の最終日の午前、Nさんという三年生の女子高校生が、話を聞いてほしいと私のところにきました。それまで相談しようか、やめようか、ずいぶん迷った末、来たらしいのです。

何の相談か言ってごらんと言っても、しばらくジーッとうつむいていましたが、やがて、Nさんの話すところを聞くと、小学生の頃、一緒に寝ていた、お父さんとお母さんの夫婦関係のすがたを数回見てしまい、中学・高校に入って性の知識にめざめるにしたがって、とてもお父さん、お母さんがいやらしく感じ、それが、だんだん高じてノイローゼ、赤面恐怖症、対面恐怖症になってしまったのでした。

高校生練成会にも毎年来て、練成を受けているときは、今度こそ帰ったらお父さん、お母さんに感謝しようと思うのですが、帰って、お父さん、お母さんの顔を見ると、小さい時のその印象が心の底にこびりついていて顔を見る気もしない。今回も、今度こそ解決しようと思って練成に来たのに、まだ自信がない。練成も今日の午後で終りで、高校生練成会に来《こ》れるのもこれが最後かと思うと、苦しくて苦しくて――と泣きながら訴えました。

私は私なりに谷口先生のお言葉を思い出しながら、いろいろ話したのですが、〝ハイハイ〟と彼女はうなずいているものの、心の底に本当に響《ひび》かず解決されていないことが話している私によくわかりました。私も言葉に窮《きゅう》して、

「それではこれからお祈りして神様の力をいただいて解決してもらいましょう」

と「祈りの間」に行き、Nさんと対坐して祈りました。最初は彼女のために祈っているつもりでしたが、彼女の悩みが私自身に痛いほど感じられ、そのうち私は不思議な体験をしたのです。私が彼女そのものになってしまったのです。祈っている私から涙が流れ、

「神様ありがとうございます。今までお父さんお母さんを怨《うら》んでいて、本当にすみませんでした」

という言葉が私の口から出ました。もう目の前のNさんの存在を忘れ、私自身が今までそうした悩みでお父さん、お母さんを怨んでいて、それを今おわびをしている心でした。そして、「私は今、肉体をこえた神様の愛そのものなるお父さま、お母さまにめざめさせていただきました。お父さま、お母さま、ありがとうございます。お父さま、お母さまと私は肉体を越えたい、の、ち、のきよい結びつきでございました。ありが

とうございます。ありがとうございます」という言葉が私自身の口をついて出ました。

すると「ワーッ」という泣き声が聞え、眼をあけて見ると彼女は「お父さんお母さんありがとうございます、ありがとうございます」と目の前で泣き伏せておりました。「今までどうしても感謝出来なかったお父さんお母さんに感謝出来ました。今までの私がウソのような気がします」と午後の感想決意発表で、すっかり表情も変って演壇に立った彼女を見て、私自身深い感銘にうたれました。

私はこの体験で、相手のために祈ることの何たるかが、少しわからせていただいたような気がいたします。

祈り合いの形式は、その時と所と人とに応じて実修されたらよいと思いますが、次に飛田給練成道場で実施している実修の仕方を申します。

(1) 説　明

谷口先生の教えに基《もとづ》き、祈り合いの意義、これまでの祈り合いによる素晴しい体験、祈る人、祈られる人の心構えにつき説明します。

(2) 着　座

続いて、祈ってもらいたい人は遠慮なく前においで下さいと言って、前に出ていただき、祈る人は、祈られる人と向いあって祈る側の人々が祈られる側の人々を愛念でつつむ形で、半月形を画《えが》いて坐《すわ》ります。先導者は、やはり祈られる人に相対《あいたい》し、真中に坐ります。

(3) 祈られる人のお名前、および祈ってもらいたい項目記載

祈られる人に、一人ずつお名前と、何を祈ってほしいかを言ってもらい、これを黒板または紙に記載し、祈る人が、祈られる人のお顔と名前と、何を祈るかを、心にしっかり入れるようにします。(ただし、祈られる人が多数である場合は、記載は時間の関係で割愛することがあります。)

(4) 信仰及び愛行の決意宣言

祈られる人、一人一人に立ってもらって、「既に癒されている」「既に感謝している」という信仰表明と、「愛行の具体的決意」を宣言してもらいます。

この信仰表明の「既に」ということが大切です。今、現に病気であり、それであるからこそ、癒されたいと前に出られた人々に、「既に健康です」と宣言しなさいと言

うのは無理のようですが、信仰とは、今げんに現象的には病気を現わし、不調和を現わしていても、「谷口先生が『人間は神の子で、病気本来なし』とおっしゃっておられる。だから、私は既に健康なんだ」と、神様のお言葉、谷口先生のお言葉を、現象の感覚の世界の優位に立てて、今、実相世界において完全円満なことを信じ、宣言することが大切です。現象がよくなったら神様を信ずる、というのでは、神様を信じているのではなく、現象を信じているのであって、それでは現象が悪くなったら「神様もやはりきかなかった」と、何か神様を特効薬のように思っているのであって、本当の信仰とは申せません。

今、感覚の世界では病苦の真最中にありながら、「既に私は健康です。ありがとうございます」と信じ、宣言する――そこが素晴しいのです。

ところが、この「既に」ということを宣言するになかなか抵抗があります。「私はまだお父さんを恨んでいます。感謝したいと思いますが言えません」というわけです。そういう時、

「あなたがお父さんに感謝したいと切に思うのは、本当は既に感謝しておるからなん

ですよ。それを思い切って宣言したとき、本当に感謝しておる実相があらわれるのですよ。さあ、あなたは、今までのことを間違っていたと思い、切に調和せんことを願って前に出られたのでしょう。今、あなたの前にお父さんが立っていらっしゃると思って、心の底から〝お父さん、すみませんでした。ありがとうございます〟と続けて言ってごらんなさい」と申します。それでも、「ありがとうございます」と言おうと思っても、心に抵抗を感じて、手と口がブルブルふるえるような方もあります。そこで、「さあ皆さん。○○さんが感謝の言葉が言えるように合掌して祈ってあげて下さい」と申します。

一言《ひとこと》「お父さん、ありがとうございます」とみんなの前で言えたら、もうしめたもの、とたんに涙がポロポロ流れます。宣言するということはすばらしいものです。このようなったら、祈り合いが始まる前から感激的な宗教的雰囲気が会場に充ち満《みみ》ちます。

なお、この信仰宣言と共に「私はこれから、これこれの愛行をします」と具体的な愛行の決意を表明していただきます。愛行をしていただくことが、本当にその人を救うことになるのです。

(5) 祈り

祈られる人が多数いる時は、祈る人に、前に出られた方のうち、「あの方を祈らしていただきたい」と思われる方を心にきめていただき、祈りを実修します。

先導者は祈られる人の名前を呼び、

「ありがとうございます。ありがとうございます。今、これら私たちのいのちの兄弟の皆様が心の底からなる懺悔《ざんげ》と切なる願いを起されて、前に出られ、既に癒され、感謝していることの信仰と、愛行の決意を表明されました。このいのちの兄弟の皆様のため心より祈らせていただきます。——あなたと私とは一つのいのちでございます。あなたは私であり、私はあなたでございます。ありがとうございます。ありがとうございます」

と、相手との一体感を深め、

「神の聖霊、今、ここに天降《あまくだ》り、御心《みこころ》の如《ごと》く祈り合いをなさしめ給《たま》う」と、神の聖霊祈りの場に天降り、神の御心の如く祈り合いが行われんことを祈念します。

次に先導者、「招神歌」を唱え、

「吾《わ》れ、今、五官の世界を去って実相の世界に入《い》る。此処《ここ》がこのまま実相の世界である。

神の無限の智慧《ちえ》の海、神の無限の智慧の海、………

神の無限の愛の海、神の無限の愛の海、………

神の無限の生命《せいめい》の海、神の無限の生命の海、………

神の無限の供給の海、神の無限の供給の海、………

神の無限の悦《よろこ》びの海、神の無限の悦びの海、………

神の無限の調和の海、神の無限の調和の海、………」

と念じ、

「今、神の無限の智慧、愛、生命、供給、悦び、調和の光、燦々《さんさん》と流れ入って、一切の罪を赦《ゆる》し給《たま》う。病いを癒し給う。一切を調和ならしめ給う。実相を顕現せしめ給う」

と唱《とな》え、相手と一つなる自分自身が、今、クラリと実相の方に振向いて、すべてを赦し、生かす神の愛と生命の流れが燦々と流れ入って、その中に満たされ、生かされているさまを心の眼でジーッと観《かん》じます。そして、

「ああ、神の世界の完全円満なることを本当に知らずして、今まで怨《うら》んでいて本当に

すみませんでした。悩んでいてすみませんでした。すべては私を生かして下さる観世《かんぜ》音菩薩《おんぼさつ》でございました。

今、私は本当にそれが分りました。調和しました。癒されました。ありがとうございます。ありがとうございます」

と、神の世界に自分自身（この場合の自分は、相手と一ついのちなる自分、相手の悩みは実は自分自身の責任なのだという自覚の自分）を懺悔し切り、既に神の世界において赦し切り、愛し切り、癒されている事実を、そのまま幼な児の信をもって、心の底から認め、讃嘆するのであります。

この間、祈られる人は、神の智慧、愛、生命、供給、悦び、調和の光に包まれて、過去の心の迷い、汚れ、罪はことごとく洗い流され、浄《きよ》められ、神の智慧、愛、生命、供給、悦び、調和に生かされ、満たされ、吾れ今完全なり、健康なり、調和なり、悦びなりと念じ感謝しつづけます。

充分右の観《かん》を深め、最後に祈る人、祈られる人、ともに既に祈りの叶《かな》えられたことを心の底深く感謝して、

「神よ、われらの祈りをお叶え下さいましてありがとうございます。ありがとうございます。

今こそ、祈りは叶えられました。ありがとうございます。ありがとうございます。

神様、私たちを人類光明化運動の聖なる選士として選び給いしことを感謝致します。

吾《われ》ら、心を合せて、地上天国実現、日本実相顕現のため働かさせていただきます。

神よ、御心《みこころ》の如《ごと》く私達をお使い下さい。

ありがとうございます。ありがとうございます」

と数回念じ、「世界平和の祈り」、指導者の「光明思念の歌」をもって祈り合いの神想観を終ります。

「神は愛なり」。この自他一体の、無我の愛の祈り合いの神想観を終えた直後は、祈られた人も、祈った人も、共に感激の涙で、しばらくは宗教的に高揚した静寂の中で、あちこちからすすり泣きの声のみが漏《も》れ、まことに神が、今、ここに来臨《らいりん》され、我等《われら》の祈りを祝福し、指導し給い、「善《よ》いかな、善いかな」と讃嘆されていることを、祈り合いの神想観のたびにひしひしと実感として感ずるのであります。

二　祈り合いの神想観による体験例

《祈られた側の体験》

御飯が喉《のど》を通るようになる

一《かず》　川《かわ》　あき子（43歳）

私は昨年の七月から食事を頂きます時、食べものが喉にひっかかり、スウッと喉に通らないのでございます。私としましては大きな悩みになりまして、主人に話しますと、医者に診《み》てもらいなさいと、何回もすすめて頂きましたが、診察の結果が喉頭癌《こうとう》でないかと、自分としても恐ろしいような気持になり、病気は心の影と生長の家の御教《みおし》えを聞いたり、本を読んでいるので、どうにかして治りたいと思っておりましたけれど、現在まで悩みに悩んで、この練成会に参加しました。

いろいろ諸先生のお話を聞きまして、八日目の午前中の祈り合いの時間に、講師の先生が、「悩みをもったり、病気の人は前に出て下さい、皆で祈り合いをいたしましょう」と申されまして、私は前列に並んで多勢の皆様に祈って頂きました。祈られている間、自分も祈り、感謝で一杯になり、泣けて泣けてほほを伝わる涙をどうしようもありませんでした。祈り合いが終りまして、祈って下さる皆様の顔を見ると、全部の方が涙を流されてハンカチで目を押えて泣いていらっしゃる様子をみて、又感謝でいっぱいで泣けて泣けて仕方がありませんでした。お夕飯の時間に食堂で食事をいただいても、食べている間は気がつきませんでしたが、なんのひっかかりもなくおいしく食事を頂けたのです。谷口先生に心から御礼申し上げます。有難うございます。（千葉県印旛郡八街町三区）

八つの病気が一度に消える

戸谷　桃代（65歳）

私は十二年前に胆石の手術を東京医科歯科大学病院でしましてから、低血圧に悩まされてきました。当時から生長の家に入っておりました、八田いく子と申します私の妹に、

「お姉さま、生長の家にお入んなさい。病気はないのよ」と言われましたが、「こんなに痛い病気を、どうして無いなんて思えるの」と、我《が》を張っておりましたから、あれこれの病気が重なり、昨年（昭和四十一年）の三月に皆に抱えられて、東京医科歯科大学病院へ行きましたが、その時はもう骨になるつもりでおりまして、「残った生命《いのち》は、インターンの医師《せんせい》にあずけて、ギザギザにしてもらい、後は骨にして帰ってきますからね」と、家の者に申しておりましたのです。

そしたら、三月三十一日に妹が参りまして、「お姉さま、明日の四月一日から飛田給で練成会が始まるから、まあ、十日間だまされたと思って行きましょう」と申しました。

その時の私の身体は、耳は右の耳は鼓膜《こまく》がなく四十年来の難聴で、しょっちゅう耳鳴がし、低血圧、脚はリューマチ、肝臓と膵臓《すいぞう》が悪く、気管支拡張症と申しまして、ちょっと動くと血啖《けったん》が出る……これは大塚の癌研へ四十日間入院して、「肺癌ではなく、気管支拡張症といって年寄《としよ》りの病気で、手術をすることは年齢上できない」と言われ、主人が「どの位《くらい》もちましょうか」と伺《うかが》ったら「今のままなら半年、上手にもたせて二年」という御返事だったそうで、それから水分がなくなって、いつも口の中がカラカラ、鼻が悪く、匂いがしないというありさまで、八つの病気をもっており、本当にガタガタの身体だったのでございます。

四月一日は雨降りでしたが、どうせ死ぬ身ならば行ってみましょうと、皆に抱えられ、追い立てられるようにして飛田給の練成道場に参りましたのでございます。先《ま》ず、お玄関に〝神は愛なり〟というお軸がございましたので、

「なんてまあ柔《やわらか》い好い感じのところなんでしょう」

と申しましたら、妹も〝これなら辛棒《しんぼう》していてくれるに違いない〟と内心喜んでくれたそうでございます。そして忙しい身体で妹も三日間、私に足袋《たび》を履《は》かせたり、階段の昇り降りから、不自由な私の身のまわりすべてをしてくれました。

講堂で神想観《しんそうかん》をするときでも、もったいないことですが、「實相」のお軸の前に足をなげ出すような状態で、足に風呂敷をかけて神想観をしておりました。

忘れも致しません八日目の四月八日に、祈り合いがありまして、吉田講師が、

「祈ってもらいたい人は、前にお出《い》でなさい」

とおっしゃいましたけれども、こんなに七つも、八つも病気のある私は、一体どこを治していただいたらよろしいのかしらと思っておりました。その日は妹の主人が交替で来ておりまして、「お姉さま、そんなにたくさん病気があるといっても、先ずひとつ、

耳から治しておもらいなさい。あなたの耳は御自分が不自由なばかりでなく、側《はた》の人がどんなに不自由しているかわかりませんから」（いちいち中継放送が要《い》るものですから、皆が嫌がってたんです）と申しますし、同室の方も、私に〝前に出て祈ってもらいなさい〟とすすめて下さったのですから、這《は》いずって一番前に出ました。

お祈りが始まりまして、そのお祈りの最中に、耳につけていた補聴器が、ガーガーと鳴り出しましたので、びっくりして、あわてて補聴器を外して、またお祈りしました。そのうちに、

「既《すで》に一切の病気は癒されました。神様ありがとうございます」

という吉田講師のお声が、ガーッと耳に入ってきたので、またびっくりしました。お祈りが終わって、おかしいなと思って、良い方の耳に指を入れて栓《せん》をしましたが、やはり鼓膜がない方の耳からも声が聞えて参ります。

「ああ、神様が治して下さったのだ。右の鼓膜も張り替えて下さった。ありがとうございます」

と思わず、又、手を合わせてお礼申しておりましたら、吉田講師が、私が補聴器を外して前に置いているのを見られて、

「戸谷さん、どうして補聴器を外してるんですか？」とおっしゃいましたので、これこれこうなんですと申しあげますと、

「それはよかった。演壇に上って、お礼を言ってごらんなさい」とおっしゃいました。

その時ハッと気がついてみると、脚が硬直して曲らないので、足を投げ出していた私が、ちゃんと正しい姿勢で坐《すわ》っているのです。それで立てもしなかったのにスラスラ立って壇へ上がりまして、本当に身体が……よく天狗《てんぐ》さんが羽が生《は》えて舞ったと申しますが、身体が、ほんとうに軽いんです。フワフワとするんです。身体の今まで痛かったところの、どこに触ってみても痛みがないのです。痰《たん》も出ないのです。けれど、急に発表しても嘘《うそ》か本当かわからないから、ここは耳だけにしましょうと、その時は耳だけのお礼を申し上げました。

それからは、皆さんが私の後を追いかけまわして、

「本当に耳が聞えるんですか？」とおっしゃる。かと思うと、

「耳の聞えないお婆さん、どこへ行った……」と遠くで呼んでいらっしったり、私は、

「聞えるんでございますよ。聞えるんでございます」と言いづめでございました。

自分ながら本当に不思議で、不思議で、考えれば考えるほど不思議ですが、事実こう

して八つの病気が一遍《いっぺん》になくなって、それ以来健康そのものの身体になりました。毎年四月八日には、お礼に必ず飛田給に行くことに致しております。

四十七年の二月に第一回の九州別格本山の練成会があると承《うけたまわ》りまして、やもたてもたまらず参りまして、三日目の日にこの体験談を話させていただきました。そうしましたら、北海道から嵐ミドリさんといわれる方が来ておられまして、この方は、十年前にオートバイから落ちて〝足なえ〟になり、五、六年殆《ほと》んど歩くことも出来ず、死ぬ思いで、北海道から長崎まで来られた方ですが、その嵐さんが、私の話を聞いているうちに、何か電気にふれたように身体がビリビリとされたそうで、肩から手にかけて身体がスーッと軽くなってゆくような気がされて、四日目には、今まで手が上にあがらなかったのが自由にあがるようになられ、ますます一所懸命練成を受けられてゆくうちに、腰ものび、脚も自由に歩けるようになられたのでございます。

そこで、私は、私がこうした夢のような体験を得さしていただいたのは、神様が、私のいただいた体験を通して、たくさんの人を救う使命を私にお与え下さったということをわからせていただきました。

私は、いただいたお蔭《かげ》を私《わたくし》せず、これからますます多くの方に、私の体験を通し、お道《みち》を伝えさせていただきたいと、毎日喜びいっぱいでございます。ありがとうございます。

（東京都杉並区南荻窪一ノ二八ノ一）

祈り合いの翌日耳が聞える

阿隅幸子

合掌　ありがとうございます。

このたびは六月一日より十日間、飛田給の素晴しい練成会を受けさせて頂き、その上河口湖の「栄える会」まで参加させて頂くことが出来まして、本当にありがとうございました。

私の両親は、私が十六歳位の頃より生長の家のみ教えに導かれ、ただ今では微力ながらも、母は地方講師を拝命《はいめい》させて頂き、父は相愛会長をうけ賜《たまわ》っており、家では毎月誌友会場を開かせて頂いております。お蔭さまで長い間色々と神様の無限の愛、無限の供給を次々に頂いていたのでございます。

私が十八歳の時、生長の家の御縁のある方から御世話頂きまして、神様の御縁によりましてただ今の主人と結婚致しました。主人は私には本当にもったいないほど善《よ》い人で、酒も煙草も飲まず道楽もない本当に誠実な素晴しい主人でございます。そして次々と男子二人女子二人と四人の素晴しい子宝にも恵まれました。

最初の妊娠の時、衛生保健所のお医者さんにみて頂きましたところ、「あなたは体が小さくて骨盤がせまいから難産ですよ」と言われたのでございます。早速《さっそく》、家に帰って母に話しますと、母は、

「大丈夫だよ、人間は神の子だからね。体が小さければ小さいように、小さな赤ちゃんが生れるから心配しなくてもいいのよ。神の子は神様が授けて下さって、神様が生まして下さるのだから何も心配することはない」と言ってはげまされましたので、私も本当に安心した気持ですべてを神様におまかせした気持でおりました。

出産の時に助産婦さんがそんなことではまだまだ生れませんよ、障子の桟《さん》が見えないように痛くならないと生れない、など申されましたが、私は一心に神さま神さまと念じておりました。母も仏前で一所懸命神想観をしていて下さいましたが、本当に楽々と無痛分娩で、しかも八百匁《もんめ》もある男の赤ちゃんが授かり、お産婆さんもこんなに楽な赤ちゃんははじめてだと言って感心しておりました。

次には女の子で九百二十匁、次は男の子九百五十匁、又次には女の子八百匁と、体が小さくて難産だといわれた私がつゝがなく何時《いつ》も無痛分娩でございました。これもひとえに生長の家の大神様の御守護のお蔭《かげ》と心より感謝致しております。

又、戦争中、私達夫婦は長男を出産したばかりでしたから危いからと二保の従姉《いとこ》の所へ疎開《そかい》致しまして無事でございましたが両親はそのまま自宅に残ったのでございます。いよいよ空襲がはげしくなりまして、艦砲射撃の音を聞きながら、今頃両親はどうしているだろうかとハラハラしておりましたが、B29が日本楽器をめがけて爆弾を落しますので、すぐ近くて危険だからと両親は防空壕から飛び出して、手に手を取って近くの天林寺の山にのがれ小さなお堂のそばで、一心に神想観をしていたそうでございます。

気がついてみるとあたり一面火の海で、天林寺の立派なお寺の本堂も焼けましたのに、神さまの御守護によりまして不思議にも、両親の居た小さなお堂だけが焼け残り、奇蹟的にも助かったのでございます。当時を思い出して、よくあの時無事に助かることが出来たと不思議な気が致します。

こうして私達は終戦を迎えたのでございますが、家はすっかり焼けましたけれど、疎開のお蔭で必要なものは残り、一家全員お互いに身にかすり傷一つ受けずに無事に助かりましたことを心より神様に御礼申し上げたのでございます。焼け跡に父と母と主人と皆で力を合わせ、掘立《ほったて》小屋を建てたり、焼け跡に野菜を作ったりして、買い出しにも行かずにサツマイモや大根、トマト等、次々と豊かに恵まれました。

母も生長の家の入信前までは、身体が弱く、私の兄姉が二人とも赤ちゃんの時に死亡致しまして、末子の私一人が残ったのでございますが、私も子供の頃非常に弱くて扁桃《へんとう》腺《せん》や肋膜炎《ろくまくえん》などで御飯も食べられずにやせて、その頃写しました写真を見ますと骨と皮ばかりにやせていたのでございます。この子もまた駄目《だめ》ではなかろうかと非常に両親が心配致しまして、私が赤ん坊の頃に母はお宮にお百度参り《ひゃくどまい》を素足《はだし》でしたこともあるそうでございます。常に新聞や広告などの宣伝などを見て、やれ肝油《かんゆ》だとか養命酒がよいとか、「わかもと」やヘビの粉薬がよいとか、家の中にはタンスの上に山のように富山の薬だとか色々の薬が置いてありました。父も仕事の帰りには養命酒や色々の栄養剤などを買って来たものでございました。父の働いたお金はいつも薬代に変っておりましたが、両親が生長の家のみ教えを信ずるようになりましてから、本当に不思議なように母も健康体となり、私もだんだん丈夫になって薬とは縁が切れて、私の四人の子供達はどの子も病気になって医師にかかるということもなく、みんな健康にスクスクと育ってまいりました。

　ところがただ一つ、私は子供の頃より右の耳が遠くて、小さい時にはそれほど不自由にも感じませんでした。けれども、だんだん成長するにしたがって自分の素直でない我の心が出まして、結婚当時はそれほどでもありませんでしたが、だんだんひどく悪くなりまして、医者からは慢性だから治らないと言われておりました。耳がかゆいのでびんどめで突いているうちに耳からは膿《うみ》や血が出るようになって左右両方とも耳が大変遠くなってしまったのでございます。毎日本当に辛《つら》い辛いと思いまして、主人は私が耳が遠いために癇癪《かんしゃく》を起しますし、私もとても辛かったのでございます。

　今思えば両親の方が私よりどんなに辛い切ない思いをしていたことでしょう。母が生長の家の地方講師を拝命しているのに、皆さまからは阿隅先生のお蔭で救われたと言われているのに、その娘である私が良くなるどころか益々《ますます》悪くなるのです。主人はお前のその耳は手術しなければ駄目だよと口癖のように言うのでございますが、両親は常に「お前のその耳は、耳が悪いのではない、お前が素直に人の言うことを聴くようになれば必ず耳は快《よ》くなる。神さまは決して人間に不幸や災難、病気などをお造りにならないから、それは私達の迷いの心が現われているのだよ」と言って私を教え導いて下さるのですけれども、なかなか素直になることが出来ませんでした。

私は耳が遠いために、とても強い劣等感を持っていたのでございます。阿隅先生の娘さんが耳が遠いと言われるのが嫌で、お客様が見えると急いで母を呼んで出てもらうというような状態でございました。

生長の家の誌友会や講演会がありましても、どうせ私は耳が遠いからお話も聴かれないと思い、又、たまに講演会に参りましても先生方のお話が良く聴き取れず、皆さんがワァワァ笑っていらっしゃるのに自分だけは何にも分からないので本当になさけない、みじめな想いで、先生方の素晴しいお話が聞えたならどんなに嬉しいことだろうと、いつも残念でしかたがありませんでした。

ですから色々とお蔭をいただいていながら体験談を話しなさいと言われても、人様の前では全然お話など出来る私ではありませんでした。数々の生長の家の御本も読ませて頂き、生長の家のみ教えの素晴しいことは良くわかっていても、なかなか真理が心の底まで理解出来ず現象ばかりを見ているものですから、人間は肉体ではない、神の子であり、実相は完全円満で病気は無いということが頭では分かったつもりでも、心の奥底ではやはり何にも分からなかったのでございます。のどもと過ぎれば暑さ忘れるのたとえの如《ごと》く、よいことが沢山《たくさん》ありながらも、よいことには気づかず当たり前になれすぎて、両親にも心の底からの感謝もなく、主人にも子供にも感謝せず、常に不平や不満の気持で自分の想《おも》いを相手に押しつけていたのでございます。本当に我の強い私でございました。

私はこのたび大決心を致しまして、主人に「どうか私を飛田給にやって下さい。私の耳は心の間違いから来ているのですから、いくら病院で耳の手術をしても自分の心が変らなかったなら本当によくはなりませんから飛田給に行って心の大手術をして来ますから」と申しましたら、主人も快《こころよ》く「行ってきなさい」と言って下さいました。

そしてこのたび、練成を受けたのでございますが、人様の前で補聴器などをつけるのは、まるで耳の遠い宣伝をしているようで嫌でしたけれども、今はそんな見栄《みえ》や外聞《がいぶん》をはばかっている時ではないと思いまして、補聴器をつけまして一番前の席で先生方のお話を一言も聴きもらすまいと真剣でございました。

もう最初から、ただただありがたくてどの先生方のお話も皆自分のことのように思い、本当に感謝感激でございました。八日目、録音テープの体験談の中に耳の遠い方が、祈り合いで治ったお話を聴きました時は、まるで自分のことのように感激して、あとから

あとから涙がとめどなく流れてどうすることも出来ませんでした。私も必ず癒されると強く思ったのでございます。

皆さまに祈り合いをしていただきました時には、本当にありがたくてもったいなくて、私はこんなにも神さまに愛されているんだ、皆様に愛されていると思いましたら思わず涙がこみ上げて、泣けて泣けていくら押さえようと思ってもどうすることも出来ませんでした。ああこれで過去の自分の業《ごう》がみな消えてゆくのだと思い、ただひたすらに合掌しておりました。

翌日、早朝神想観のとき、一番後で補聴器が調子が悪くて良く聞えませんので、補聴器をかけずに、お祈りだから皆様について行けばよいと思い、瞑目《めいもく》合掌しておりましたら一番前の先生のお声が朗々《ろうろう》とマイクを通して流れるのがはっきりと聴えたのでございます。私はあまりの嬉《うれ》しさに大きな声で『甘露《かんろ》の法雨《ほうう》』を皆様と御一緒に読誦《とくじゅ》させて頂いたのでございます。

肉体も環境も全部自分の責任でございました。今までは悪い所ばかりを見て相手を審《さば》いたり不足を言ったり、子供の小言ばかり言っておりましたが、本当に申し訳なかった、実相の世界には一人も悪人も病人もおつくりになってはおられないのに、自分自身の不調和な思いが現象界に仮《かり》の相《すがた》となって現われているのであり、たとい今、どんな状態であろうとも、実相は完全円満な素晴しい神の子ばかりであると気づかせていただいたのでございます。

あの飛田給の、祈りで明け祈りで暮れる先生方の真剣なる御姿や、素晴しい御講義や、皆様方の尊い体験などをまのあたり見聞いたしまして、私自身の努力の足りなかったことを、心より反省させていただきました。信仰とは命がけなんだ、いい加減な気持では駄目《だめ》なのだ、これからは私も命がけで精進《しょうじん》しようと深く心に決意致しました。今まではよく子供に小言を言っていたのでございますが、子供はそのままで素晴しい神の子なんだ、押しつけてはいけない。子供を愛するとは、子供の神性を信じて自由に放つことだ。親のつまらない取越苦労や執着の愛でしばってはならないと思い、常に子供の善《よ》い面のみを見てほめたたえ、実相を念じ続けております。

思えば私は本当に幸福の中に生活させていただいているのでございました。素晴しい両親、いつも愛深く私の実相の完全さを祈り、私の幸福のみを念じ続けている優しいお父様お母様。

又、理解があり細いところまでよく行き届いて、子供達にも優しい本当によき父である主人。優しい素直な子供達に取りまかれて私は本当に世界一の幸福者であると思います。

今まで、子供達が我儘《わがまま》であると思っていたのはそうではなくて、みな私のみにくい心の影が形に現われていたのであると反省させていただいたのでございます。本当に自分の心が変れば現象はどんなにも変化するものであることを分からせていただきました。

今後はひたすら生長の家のみ教えを行《ぎょう》じ魂の向上に邁進《まいしん》させていただき、神様への御恩返しとして多くの方のお役に立つような人間にならせていただきますよう精進させて頂きます。

ありがとうございました。再合掌。

（静岡県浜松市元浜町四ノ二四八）

母の喘息《ぜんそく》が治る

遊　座　比紹子（20歳）

合掌　ありがとうございます。ありがとうございます。第二回女子練成参加の際は、御指導いただきましてありがとうございました。私は、その際の祈り合いの時、全国の皆さまに祈っていただいた者でございます。

母の十年来の持病でありますゼンソクを治していただきたく申し出て、私が祈っていただいたのでありますが、帰って来てから、母のゼンソクの発作は一度もおこりません。先生が「ゼンソクなんて全速力で治ってしまいますよ」とおっしゃられましたが、それが本当になったのでございます。

母に、皆さまに祈っていただいたことを申しましたら、かげでそっと涙をぬぐっておりました。全国のみなさまのご愛念に心から感謝しております。


（岩手県盛岡市菜園一三ノ八〇）


遊座さんは祈り合いの時、お母さんの身代わりとして前に出て祈ってもらって祈りがきかれたのであるが、このような実例も数多く報告されているのである。

すべて祈りの功徳《くどく》というものは「宇宙は一つ」「いのちは一つ」「万人《ばんにん》の心は一つ」という、根本的真理から出てくるのである。神は普遍的存在であり、それは霊であり、宇宙に瀰《み》ちている生命であり、生かす力であり、無限の智慧《ちえ》であり、無限の愛であり、それら無限の恵福《けいふく》を、間断なく放送局からの電波のように霊的波動として宇宙に充満させていられるのが神である。しかしそれは霊的波動であるから、私たちがそれを受信して、現象的に見える象《かたち》にあらわすのが「祈り」なのである。

友達の性格が変る

荻原義春（15歳）

合掌　ありがとうございます。

私は夏の中学生練成会に参加させていただきました一人です。本当に今度のような感激を味わわせていただいた練成会に感謝の念でいっぱいです。特に祈り合いの時は私の友達のK君に代わり、皆様のおかげでK君が不良でないと祈っていただきました。私は先生が「自分のことでも、お友達のことでも祈ってもらいたい人がいたら、演壇に上がりなさい」とおっしゃったので始めはちょっとためらいましたが、私の心の中にK君を祈ってあげたいという気がおきて、あの壇の上にあがりました。もともと私は畳の上でさえ足が痛くなるので、板の上ではとうてい祈れまいと思っていたのですが、その時ばかりはちっとも足のことなど気にもかけませんでした。（注――この時は練成会員が講堂に一杯だったので祈ってもらいたい人は演壇の上に並んでもらったのである。）

いよいよ祈り合いが始まりました。招神歌《かみよびうた》が始まったら、私の目頭がジーンとあつくなって自然に涙が出て来ました。それで私は涙を止めようと思いましたが、止めようと思うとなおも涙が出て来ました。

祈り合いが終って自分の場所に着いてからも、私自身そう別に感じないのに、涙ばかり出るので不思議に思いました。

そこで、聖歌練習が終って休憩時間のときに先生に、「どういうわけですか？」と聞きましたら、先生は「君が泣いたのは、きっと君のお友達が君を通して泣いたのだよ」とおっしゃいました。それを聞いた時、私の頭から足の先までビリッと電気の通るような感じがしました。そして友達が良くなったということだけを考えて家へ帰りました。

いよいよ二学期が始まりその友達と一緒になったのですが、その友達は今までの暗い陰気な性格がどこにも見当らず、非常にあかるい顔をしていました。それは自分だけの考えかと思い、同じ練成に参加した坂田君に聞いたらやはり明るい顔をしているというのです。

私はその時、本当に「これで自分の祈りというものが通じたのか」という気持で本当にうれしくなりました。本当に祈りの力というものの強さを知りました。

これからは毎日、世界平和が来るように祈り、又多くの同志をこの素晴しい生長の家のみ教えにふれていただくよう努力します。

谷口先生本当にありがとうございました。

（群馬県前橋市六供町三〇）

伯父の病気なおる

阿部悦子

ありがとうございます。

祈り合いに伯父《おじ》の病気を治していただきたく先生ならびに皆さまに祈願していただきました。

伯父は七十歳位《くらい》の白髪の老人でありますが、昔かたぎのとてもガンコな人間だったのです。時間のたつのも忘れ懸命に祈っておりましたら、不思議にも〝わるかった、許してくれ〃と伯父の声がはっきり聞えたのです。私は思わず〃良かった！〃と心の底で叫んでしまい、嬉《うれ》しくて何とも言い表わせないほどのよろこびの気持になり、涙があふれて恥かしい思いでした。

諸先生の御講話や青年会の方々、同志の人々の御援助と御指導により感激の十日間を過ごし、帰りましてすぐ伯父の所へ行きましたら、目の上に手拭《てぬぐ》いをのせ、やせほそった腕を左右に動かし何かをつかもうとしている姿を見た時は、がっかりし、目の前が真暗になってしまいました。

〃伯父さんは既に病気は治りました、有難うございました〃と懸命に祈って下さった先生や皆様に申し訳なく思い、自分に自信がなくなってしまったのでしたが……そうだ、伯父の病気は治ったのだが、私は伯父の仮《かり》の姿を見ているのであって実相は老いもなく、病いもなく、兄弟争いもなく、完全円満で健康そのものであります、ありがとうございましたと念願し、神想観をし、伯父の傍《かたわら》で『甘露の法雨』を誦《あ》げました。

翌朝、家に帰りまして先生から御指導を受けたとおり仏前に聖経を誦げ、毎日朝夕続け、寝る前には必ず神想観を致しました。

それから何日か過ぎ、伯父の病気はどうしたかと二階へ上り、いつもの元気な明るい声で「今日は如何ですか」と張切って声をかけましたら、重い病気だった伯父が今にも立ち上らんばかりの元気な顔で「神さまありがとう」と言われた時、夢ではないかと錯覚してしまいました。

これまでは食事は流動食であり、立ち上れず毎日寝たきりで動かず、目の上に手拭いを置き目を閉じているのに、雪も降らぬのに雪が降っているとか、私のあげたお守りには袋がないのに一所懸命袋があるような手つきで入れているので、「袋はないのですよ」と言うと、「見えるのだからあるのだ」といって、無い袋にお守りを入れるという妄想状態の病人だったのです。その伯父が、今では起き上がり、「おいしいおいしい」と言いながらかたい御飯も、うどんも食べてしまい、寝ながら天つき体操だなどと言って手足を動かし、一人で便器も使えるようになり、この頃では食べてすぐ寝てしまっては神様に申し訳ないと立ち上がり歩く練習をしているのです。

「病気治っておめでとう」と言いましたら、目に涙を浮べ、私があげたお守りを大事そうになでながら「神さまありがとう」とかすかな小声を聞いた時、私も目頭があつくなり思わず合掌してしまいました。

この感激を忘れず身近な人々から一人でも多く愛行させていただき光明化運動に全力

を尽させていただきます。再拝

（栃木県足利市大橋町二ノ一八三）

天皇陛下に感謝出来る

逸　名（高校生）

（冬期高校生練成の時の体験談。姓名は録音に入らなかったため割愛）

僕は初めてこの練成会に参加させていただきましたが、天皇陛下に感謝するということがわかりませんでした。昨日〝祈りの間〟に行って「天皇陛下ありがとうございます」と何回も唱《とな》えたのですが、何の実感もわいてこないのです。僕は本当に自分が悲しくなりました。そのとき隣りにいた人が、「日本のため一緒にがんばろう」と言って手を握ってくれましたが、だめでした。

祈り合いのとき「僕はどうしても天皇陛下に感謝できないから、感謝できるように祈って下さい」と前に出て、皆さんに祈ってもらいました。祈りが終っても、何か感謝できたような、できないような、モヤモヤとした気持でした。しかし、たった今、富山の政井義夫君の体験談（後掲）を聞いた時、天皇陛下に心から感謝できて、ほんとにひとりでに泣けてくるんです。
僕は小さい時から人に泣いたのを見せるのがきらいで、喧嘩《けんか》して顔じゅう傷をつけても、絶対に泣かなかったんです。しかし今、僕はありがたくてありがたくて、泣けて泣けて仕方がないのです。

祈り合いの場ですぐその結果があらわれなくとも、その後、何らかの機縁《きえん》でパッと心が転換した、病気がよくなったという例も多くあるのである。いかに唯物的《ゆいぶってき》な教育を受けてきても、本来の日本人の魂は汚されない。みんな心の底で天皇陛下に感謝していることがこの体験談で分かるのである。ちなみに政井義夫君の体験談は次の通りである。

僕の父は、僕のまだ生まれない前に戦死しました。それで、いつも、母が僕のために汗水たらして働いていました。それを小さい頃見ていた僕は、母がかわいそうで、かわいそうでなりませんでした。

「なぜ、僕の父は死んで行ったんだ」

「なぜ、天皇は、僕の父を殺したんだ」

と天皇を心から憎んでいました。

小さい時、「お母さん、僕のお父さんはどこにいるの」と聞くと、母は涙の目で、「お父さんは、この仏壇の中にいて、僕達のことを観《み》て下さるんだよ」と教えて下さいました。

僕は学校に行っても、父の愛情は知らなくて、男の先生になぐられた時は、胸がスーッとするような気持がいたしました。いつも母に甘《あま》えて、母に苦労ばかりかけて、それで、日本の国を怨《うら》みました。天皇も恨みました。なぜ日本の国に生まれて来たんだと思いました。もし天皇さえいなければ、こんな戦争なんか起らなかったんだと思いました。そして、今どき、僕らは楽しく暮していたのにと、いつも夢の中でそれを見ていました。

昨日の愛国心のお話を聞いて、天皇陛下のお心がわかり、本当に感謝したのであります。

僕は〝祈りの間〟に行って、今まで天皇陛下を恨んでいたのをお詫《わ》びしました。すると、お父さんのニコニコ笑っている顔が、僕の眼の前にうつってきたのであります。

そして、

「義夫、お前は立派な日本人として、この日本を背負っておくれ」

という声が、僕の耳に感じたのであります。

その時、僕は、本当に心から〝すまなかった〟ということを感じたのであります。そして、今までの天皇陛下を恨んでいたことを痛切に恥じたのであります。

天皇陛下が北海道に巡幸《じゅんこう》されたときに、共産党の人達が赤旗をふるって、天皇を室蘭に入れまいとしたとき、天皇陛下のお車が近づいて来ると、思わず、彼らが赤旗を捨てて、

「天皇陛下万歳！」

と叫んだお話をきき、ああいう人達も、天皇陛下の御徳《おんとく》に打たれるのだと思い、僕はそれ以下の人間だったと思いました。

これからは、天皇陛下を崇拝し、日本男子として、この日本を立派にしてゆきたいと思います。ありがとうございます。

（富山市愛宕新町一六五四）

《祈った側の体験》

相手のために祈って自分が救われる

太田高子（仮名）

私は四国に生れました。一人娘で父母と三人暮しでした。私が七つの時、父と母は離婚し、私は父と一緒に九州に行って、父に育てられました。

父は、私が十一の時、私を芸者に売り、その金で遊女をうけ出して、妻にしました。たまに九州に帰ってみると、父は次から次へと女を替《か》え、帰るたびに違っておりました。

昭和二十九年頃、熊本の教化部の平井照子さんにすすめられて生長の家に入信しました。四年前に熱海に来て商売を始めております。

祈り合いのとき、「父に感謝できないから、祈ってもらいたい」という人がおりまして、私はこれは自分の心の影だと思えて、思わず涙が出ました。そして、その方のために一心に祈っていると、私のお父さんの顔がパッ、パッとまぶたに浮んできまして、

「お父さん、私は今までお父さんを本当に赦《ゆる》していませんでした。お父さん、赦して下さい。お父さんは、私を本当の信仰に導いて下さった観世音菩薩《かんぜおんぼさつ》様でした。今、本当にそれが分かりました」と思わず声が出て、涙が次から次にポロポロ流れ出ました。

私は、他《ひと》のために祈ることは、結局自分が救われるんだということをしみじみ悟《さと》りました。本当にすがすがしい、うれしい気持で一杯です。私の前途にパーッと光がさしてきたようです。ありがとうございます。

ある年の夏期高校生練成会の時のこと、神奈川県の生長の家高校生連盟（略して「生高連」という）に属しているNさんというお嬢さんが、お母さんが一番目のお母さんで感謝出来ないから祈って欲しいと言って、祈り合いの時、前に出られた。そして、祈り合いの時、「お母さんありがとうございます」とNさんが泣いて言ったのを聞いて、同じ神奈川県の生高連の執行委員長をしていた黒沢英行君が「Nさんを今まで苦しめていたのは、私の責任だった」と、祈り合いの後で、泣いて発表したすばらしい体験談を次に掲げる。

いのちの兄妹のために

黒沢英行（高校三年生）

僕は今日みたいな神想観をしたのは初めてです。自分で執行委員長をやりながら、まともな神想観ができなかったのです。本当に皆さんに対して申し訳ありません。

僕の母も義理の母なんです。そして、母が生長の家を教えてくれたんです。けれど……僕は中学生時代、馬鹿だったんです。いろいろ悪いことをしました。

高校に入った時、母にすすめられて練成会に来たんです。その時、父母への感謝ということを教えてもらって、「なるほどナ」と形だけのものを覚えて帰ったのです。

ところが、今日の祈り合いで同じ生高連のNさんが出て、本当に「お母さんありがとうございます」という声を聞いたら、今までの自分が、なんてだらしがないんだろうと思えて来たんです。

実は、練成会に来る前に、「明日朝早いから寝なさい」と言われました。床に入ったんですが、夜中頃、目をさましたら、聖経を読んでいる声が聞えたんです。それが、母が僕の枕頭《まくらもと》で真剣な姿で、僕のために聖経を誦《あ》げてくれて……そんな素晴しいお母さんであるのに……僕は翌朝「お母さんありがとう」とも言わず知らない顔で、練成に来たんです。

今、Nさんのため祈っていたら、自分の感謝は形だけで、自分が心から母に感謝できていなかったことに気がつきました。

自分のいのちの兄妹が、同じ神奈川県のいのちの兄妹が、今までそんなにまで悩んでいた。それは委員長の自分が今まで心から父母に感謝していなかった、そのためにNさんが、今まで苦しんでいたんだと分かりました。「お母さん、ありがとう」と言ったNさんの声を聞いたら、たまらなくなって……

僕は、本当にいのちの兄妹として、もっと、もっと真剣に、自分のためにも、母のためにも、大きく言えば、いのちの皆さんの兄妹のために真剣に祈ることが、どんなに大切かということを知らされました。

これからは、本当に、全身全霊をもって、神奈川県の生高連のいのちの兄妹、全国のいのちの兄妹のために、父母に感謝し、一所懸命にやってゆきたいと思います。

（神奈川県川崎市古市場一七七五）

汽車の中で祈る

本《ほん》望《もう》　暢《よし》　孝《たか》（中学三年生）

僕はこの五日間の中学練成で一番印象深かったのは、第三日目の浄心行と、第四日目の祈り合いと、愛国心についての講話でした。

祈り合いの時、僕は二人の小児マヒの人のために一心に祈りました。小児マヒの人のために祈った理由は、僕のクラスにいたYさんのことを思い出したからです。僕は生まれて初めて、真剣になって、人がよくなるように祈りました。その時の気持のよさといったらありませんでした。

さて、上野発の夜汽車に乗って一時間くらいたつと、急にマイクで、「病人が出ましたから、お医者さまがお乗り合せでいらっしゃいましたら、車掌が各車輛を廻《まわ》って歩きますから、どうぞ申し出て下さい」

という放送がありました。ぼくたち四人はビックリしてしまいました。そして「かわいそうだなあ」とおもいました。そのうちにだれ言うともなく、「その病人のために祈ってあげよう」と意見がまとまりました。

ぼく達はお祈りして『甘露の法雨』を読み始めました。はじめは小さな声で他の人に聞えるか聞えない位に読んでいましたが、だんだん大きくなってゆきました。ぼくは恥かしいので声を低めようとしましたが、高くなる一方でした。周囲の人は、始めはぼくたちの方を見てはおかしそうに笑っていましたが、ぼくたちが一心に読んでいるあいだに、笑うのをやめてしまいました。ぼくはもう全然恥かしくありませんでした。

三十分位で読み終わり、うつらうつらしているうちに、マイクで「病人がよくなった」ということを放送してきました。ぼくたちは思わず心の中で「バンザイ」を叫びました。この病気は、ぼくたちの祈りと、お医者さんの手あつい看護が、一つに調和して病人に通じ、それが病人を癒したものだと、ぼくたちはそのとき信じました。今もかたく、そう信じています。

（新潟県東蒲原郡鹿ノ瀬大向鹿瀬七七九二）


列車の中で、周囲の人が笑うのも意に介せず『甘露の法雨』を誦《あ》げ、病人のために祈った中学生の本望君達——その姿を想い浮べると大きな感動を覚えるのである。

三　各地の集りで必ず祈り合いを

練成道場以外で、各地で祈り合いを行った報告を次に掲げる。

誌友会場で祈り合いを行って

山口文《ふみ》弘《ひろ》

私は、先年の『生長の家』誌で「祈り合いの神想観《しんそうかん》」の記事を見まして「これだ！」と思いまして、誌友会場で、祈り合いをはじめさせていただきました。

第一回の時、祈っていただきたいという四人の方が前に出ましたが、その中の一人に、三年間行方不明で、全国手配を頼んでいる娘さんのお母さんがおられました。その娘さんというのは、一人娘で、お友達と映画に行ったきり行方不明になって、捜索願いを新聞などにも出したこともあるのです。みんな、その娘さんが帰ってくるよう一所懸命祈ったのですが、そのあと十月の七日にヒョッコリと帰ってきたのです。

結局、その方は神戸のいまわしい所に売られて、いつも監視がついていて、手紙一本出せなかったのですが、ちょうど、祈り合いをした九月の十七日頃から、無性《むしょう》にお母さんの夢を見て、その夢の中でお母さんが「帰ってきなさい、帰ってきなさい」と言っておるというのです。

そして十月のその日に「帰ろう！」と強く思ったら、何の障礙《しょうがい》もなしに、スルスルと帰って来られたというのです。お母さんがその次の誌友会にお礼にこられて、皆様に祈っていただいたお蔭《かげ》でと言われ、みんなで喜び合いました。

その第一回の時は特にすばらしく、祈り終ってから、みんなで手をつないで使命行進曲を歌いましたが、みんな感激して泣き出しまして、「やりましょう！」と誓い合いました。

その時は四人の方全部の祈りがきかれました。それ以来、誌友会には必ず祈り合いを会の一番あとでしております。

それで、あの人を祈ってあげたいというんで、その御本人が来ておられない時は、紙に墨でその人の住所氏名年齢を書き、その下に就職問題、健康問題というように書いて、その紙を前に掲げて祈っております。

最初一時間位《くらい》、祈り合いをするということを念頭に置き、それに関連した真理の話をして、それから祈ってもらいたい人はおりませんかと言って、その人に前に出てもらって、祈り合いに入ってゆきます。この祈り合いをはじめてから、祈った人と祈られた人とが何がなしに、今までの誌友会でない親しみがわき、「どうも、今日は祈っていただいてありがとうございます」「いいえ、あなたのおかげで、私達まで祈らしていただきまして涙がでました」と言い合いながら帰って行って、本当に誌友会に愛のつながりが出てきましたことが一番尊いことと思います。

それで私は、誌友会ばかりでなく、各地を巡講《じゅんこう》にゆく時も、必ず最後の三十分位は祈り合いをして終ることに致しております。

（佐賀県鳥栖市古賀町）

早朝の神想観で祈り合いを実施

井海　ヤス子

私の家では、毎朝五時十分から神想観をしておりますが、その神想観の中で、〝これから祈り合いをさせていただきます〟と申しまして祈り合いにはいらしていただいております。

私は、祈りでも、個人指導でも「『この病気は何の罪の結果ならんか』と罪の種類をいちいち詮索《せんさく》すること勿《なか》れ」と『続々甘露の法雨』にあります通り心の法則はあまり言わず、聖書の創世記に、「神その造りたる諸《すべて》のものを観《み》たまいけるに甚《はなは》だ善《よ》かりき」とあります通り、病気も何も認めない、ただ実相直視《じきし》一本なんです。

昨年の十一月のことですが、蓄膿《ちくのう》で息がよく出来なくなり、三軒のお医者さんに行ったら三軒とも、「もうこれは手おくれです。膿《うみ》が全部まわっておる」といわれた奥さんが来られまして、祈る前に、人間の実相は完全円満で、「神これを観《み》たまいけるに甚だ善かりき」というお話をしまして、祈らしていただいたのです。

そうしたら、「私の病気はもう無いんだ」と、そのまま癒《なお》ってしまったんです。それから、その方の御主人という人が大酒飲みでしたが、奥様が祈りによって癒って、感謝しまして、神想観に通っておったんです。そうしたら御主人が「神想観に行くな」と言われるので、しばらくやめたのです。すると御主人が「お前、神想観にゆかないのか」と言うので「お父さんの迷惑になると悪いし、行くなと言うから行かないです」とお答えせられたんだそうです。

そうしたら、又、三日いたしますと「今日は神想観に行かないのか」と御主人が言われるので、「行ってよいんですか」と言ったら「行っていいぞ」と言って「それでも寒いから温かくして行け」と言われ、それから「お前、神想観で、わしの酒が止まるように祈っているんとちがうか」と言われるのです。その時、奥さんはハッと気がつかれたのです。これまではお酒を買いに行きながらも「困ったものだ。酒が止まればよいのに」と思っていたというのです。それが神想観に通ってからは、やはりお酒を買いに行くのですが、そんなことを思わなくて、ただお酒を買いに行かれていたというのです。それでその時言われて、気がついてみましたら、御主人のお酒がうんと減っておられたというんです。

それで又、神想観に通って来られましたが、三日目の朝、その奥様が言われるのに御主人は、「もう年だから酒が飲めなくなった。欲しい時は又言うからもう酒を買いに行かなくてもよい」と言われました。もう年といっても、まだ四十九歳なのに、それっきり、酒が止んだそうです。

その他、祈り合いで沢山《たくさん》の体験をいただかさせていただいております。ありがとうございます。

一ヵ月間の祈り

（大阪市東成区南中本町二ノ一三二）
大和兵庫

私のところは、山田チエ子さんという方が、お二階を、自分のものは何も置かず開放して下さいまして、そこを仮の道場のようにして、生長の家専門に使わせていただいておりますが、『生長の家』誌の〝祈り合い〟の記事を読みまして、これはやらねばならぬと思い、たくさんの人が集った時、これを発表しようと思いまして、毎年一月七日に初笑いの会というのを致しまして、その時は沢山の人が集りましたので、その時発表させていただきまして、翌日、一月八日から、毎朝九時からの神想観の中で祈り合いを入れさせていただいております。

それで、あらかじめ祈っていただきたい人が申し出られますから、そのお名前を前に書き出しておいて祈ります。祈りが叶《かな》えられた方は次々と消してゆきまして、一ヵ月経《た》つと、又、書き改めております。安産の祈りなどもずいぶんありますが、みんな安産で、ある方などあまり楽に生まれて、お母さんに「こんな調子なら、朝と晩、二回生んでもいいわ」といったというような話があります。

（長崎県下県郡厳原町）

愛行班の家庭訪問による祈り合い

末吉清忠

私のところでは、七、八人で愛行班というのを作りまして、事業が失敗したとか、病気で困っている人のところに行って聖経を誦《あ》げ、あまりその人の欠点をつかぬような魅力あるようなお話をし、その後でお祈りしております。誌友で問題のある人の所にも行きますが、誌友でない人でも、近所の誌友の人が生長の家の愛行班というのがありますからと紹介するわけであります。一軒のお家に、七が完成の数であると教えられておりますから、七日間続けてまいります。そして、最後の日には祈ってもらうだけではいかん、自分が愛行せねばならぬというお話を致します。事業で失敗した方のところに行って祈りをはじめてから、思わない注文が来たり、不渡りのため、品物が入らなかったのが、先方の好意で品物が来たりするなど、いろんな奇蹟が起きておりますが、そういう奇蹟が起る、起らぬにかかわらず、七日間続けて祈ってくれたという愛行班の愛念に感激しまして誌友になって下さいます。

愛行班は、みんな教化部に集って十時頃出かけます。愛行班にゆくと、行った方の人が、何とも言えぬ悦《よろこ》びが湧《わ》きますから、多少無理してもみんな行きます。この次はぜひ私も加えて下さいというわけで、希望者が増しております。

最初行ったところは、その後、誌友会場になりまして、今後ますますこの愛行班を開拓活動、誌友会場新設運動にどしどしおしすすめたいと思っております。ありがとうございます。

（熊本市若葉町一五）

「五十日間祈りの会」の成果

沢谷浩州

私のところは島根県の知夫《ちぶ》村という七部落よりなる一島一村でありますが、当村にも先祖の祭祀《さいし》をないがしろにする教えが入ってきたとのしらせを受け、これはいかんと思いまして、各部落より生長の家の幹部を召集《しょうしゅう》しまして、今こそ私達はしっかり神様の御心《みこころ》を行《ぎょう》じなければならぬ。神様の御心が部落全体に顕《あら》われるよう心を一つにして祈り合わねばならぬと話しました。そして「五十日間祈りの会」をつくり実施することにしました。五十日と決めたのは、生命発展の周期と教えられているのと、繁忙期を避けるためでした。

それで四月一日より五月二十日までの五十日間、毎日午後八時より十時三十分まで連続して祈りの会を開きました。七部落を三ブロックに分け、そのブロックに一ヵ所、熱心な誌友のお家を祈りの会の会場にあてました。具体的には、

最初三週間・沢谷はる家　一週間・徳田忠平家　二週間・前田規矩重《のりしげ》家　最後の八日間は、再び沢谷はる家というふうにして実修しました。祈りの会会員として正会員と乙会員とを定めました。正と乙と分けましたのは、この祈りの会は、誠ひとすじ、真剣そのものであることを必要としたからで、正会員には、この祈り合いの真の目的をくわしく説き、合点《がてん》してもらい、それぞれの責任部落をきめました。正会員は十二名です。乙会員は出入自由で、やってゆくうちに色々と体験と悦びが現われ、時に五十名を突破した日が少なくありません。正面に「實相」の御軸を掲げ、その下方に仮祭壇を設け、「知夫全村民各家先祖代々之霊位」と書いた霊牌《れいはい》、並びに会員の各祖霊を記した霊牌を安置

し、招神歌《かみよびうた》、招霊、『甘露《かんろ》の法雨《ほうう》』の一斉読誦《とくじゅ》、ついでその日の法語拝読、法話、神想観をもって終ります。

神想観においては、祈りの会会員と、その御家族一同並びに知夫村全村民のことごとく、身健《みすこ》かに、心美《うるわ》しく、相形《すがたかたち》麗《うるわ》しく、和顔愛語讃嘆に満たされたる実相を礼拝します。

そして神想観の際、祈ってもらいたい人は、あらかじめ随意その旨《むね》をのべてもらって、みんなで祈り合いを致しました。

その結果——

○七日目には、崎万寿雄《ますお》さんの亡くなったお父さんが、七日目八日目の二晩続いて夢枕に立ち、紋《もん》つき羽織袴《はおりはかま》の姿で、「お前達はまことによいことをしてくれているね」と莞爾《かんじ》として讃嘆の雨ふらすような功徳《くどく》があらわれた。

○二十五日目には、徳田光子さんが、流行性感冒の注射の副作用の為、右全半身にまたがる黒点、腫《む》み、高熱で二十日間苦しみ続けていたのが、自宅を会場として祈りの会を始めて三日目の行事中忽然《こつねん》と病状が消えさりました。

○二十九日目には、前田規矩重《のりしげ》さんの三男(22歳)が原因不明の発熱で大阪から帰郷していたのが快癒しました。

○三十一日目には、川上イワさんの次男（30歳）の方の一年越しの関節リューマチが、夜半に、「お前は起《た》てる」との声に目を覚まし、そのまま起ち上がって病気が消え、夫婦抱き合って歓喜の涙で真夜中に大騒ぎとなったというしらせに祈りの会員一同手をうって大よろこびでした。

○三十九日目、前田規矩重さんの奥さんが用便に行ったところ（これは祈りの会で聖経読誦の時間でした）、三十分間休みなく尿が出て、それきり高血圧、全身重圧感がなくなり、長年の肥満体がスッキリした健康体になられました。

○四十九日目、私（沢谷浩州）の亡くなった伯父《おじ》が聖経の功徳により光明燦然《さんぜん》と大悟《たいご》した夢をみました。

○四十六日目には、三角《みすみ》定男さんが今まで不漁続きであったが、祈りの会で「神と波長の合わぬ場合、何事によらず成績不良」の法語に感動、ついで神想観の時、真中に出て皆さんに祈ってもらったところ、その翌日から他船は不漁であるのに、当人は大漁となりました。

このような色々の功徳が続々と現われまして、それ以来、当村には先祖の祭祀をないがしろにするような教えは入らなくなりました。ありがとうございます。

（島根県知夫郡知夫村）

このように祈り合いの神想観をすれば、そこに神様の力が働いてきっと奇蹟的な功徳がそこに出て来るのであって、各地の道場および各会場には、色々の問題をもった人たちが集るから、その問題を神様に解決していただくために祈り合いの神想観をどこの会場でも必ずやっていただきたいのである。

今までは、自分が教えを聞いてお蔭《かげ》をもらおうと思って来る人ばかりであっても、〝祈ってあげる人〟と〝祈りをうける人〟と二つにわかれて互いに拝み合うと、そこで奇蹟が現われる。すると〝私が祈ってあげたら、私のような者でも、神様の媒介《ばいかい》となって神様の功徳が現われるんだ〟という自信と自覚が出て来ると、自分の信仰が生きてきて、生き甲斐《がい》が出て来るのである。自分がお蔭をもらうばかりでなくて、私が神様の媒介になって、人様のためにお蔭をもらってあげることが出来るんだという、そういう悦《よろこ》びが出てくる。

今まで、お蔭をもらうだけで来ていたのだったら、もう真理を教えてもらって知ったから〝さようなら〟ということになるが、〝自分が祈ってあげて人を救うことが出来る〟ということになれば、それは菩薩《ぼさつ》の位《くらい》に進むわけで、与える相手の人数は無限であるから、いくらでも与えられる。与えるごとに自分が悦べるということになるわけであって、法悦《ほうえつ》は限りなく続くのである。

そういう拠点となるように道場、誌友会、隣保班《りんぽはん》、最寄会《もよりかい》をしてこそ意義があるわけである。

第五章　練成による人間の改造

わたしは今新生したのである。神の愛においていて新生したのである。それゆえに私は神の愛に満たされているのである。古き悲しみ、古き恨み、古き慍《いか》り、古き憎しみの心はすでに過去のものとなったのである。私はもはや、悲しむことなく、恨むことなく、慍《いか》ることなく、憎むことなく、一切を祝福し、一切のものに愛念を送るのである。

（『真理の吟唱』）

父母に懺悔《ざんげ》、不眠症治る

大西　綾子（25歳）

皆様、ありがとうございます。この尊き御教《みおし》えをいただきました谷口雅春先生、並びに幹部諸先生方、ありがとうございます。

私は、女四人姉妹の三番目として生まれ、なに不自由なく、なんの苦労もなく大きくなって来たのですが、中学校卒業を目の前にして、突然、原因不明の激しい頭痛と、二日でも、三日でも一睡も出来ないほどの不眠症に襲われたのです。京大、国立と母に連れられ、京都のあらゆる病院へ行きましたが、どこの病院でも首を振られるだけでした。麻薬のような、きつい睡眠薬は私の全身を麻痺《まひ》させ、夢遊病者のような状態が二ヵ月も三ヵ月も続いたのです。あまりの激しさに父も母も、〝私を死なせてしまった〟と思ったそうです。この頃より、生まれた時にはなかった左の目の下に青いしみが出始めて来たのです。顔は女の生命、死ぬことよりも苦しいことを、死ぬことよりも恥かしい辱《はずか》しめを、何故、なにも知らない私が受けなければいけないのか？……年頃になって、みんなが結婚して行くというのに、薬に振り回されている私が、どうして結婚など考えることが出来ましたでしょうか。

生まれて来なければよかった！　生んでくれた父母を恨みました。健康な人を恨みました。卒業は勿論《もちろん》、進学までも止められたこの私、前途真暗、恐怖と悲しみの連日でした。今年お正月から、またしても恐《おそろ》しい病が私を苦しめだしたのです。あれは確か二月十七日でした。私の姉が、寝ている私を抱きかかえるようにして、御近所の最寄会《もよりかい》に連れて行ってくれたのです。

この時、初めて「生長の家」のお話を聞きました。これもひとえに、姉が生長の家を信仰していてくれたお蔭《かげ》でございます。この席で、姉は、私たち姉妹が長年、不眠症で苦しんでいることをお話したところ、ちょうど、出席しておられた四方《しかた》連合会長の若奥様のお母様でいらっしゃる平井先生より、「人間、本質は何であるか？　人間の生命は何処《いずこ》より来たり、何処《いずこ》へ去るか……」の所の『生命《せいめい》の實相《じっそう》』の第七巻の「はしがき」を読んで聞かせて下さったのです。

「神様は、人間を苦しめたりなさらないのですよ。私たちを愛し、生かしていて下さるのですよ……」と教えて下さり、御先祖様に対する感謝の祈りと、父母に対する感謝の祈りをして下さったのです。「お父さん、ありがとうございます。お母さん、ありがとうございます。お父さん、ありがとうございます。お母さん、ありがとうございます。お父さん、ありがとうございます。お母さん、ありがとうございます……」口やかましい父、心配性の母に対して、今まで一度も感謝したことのなかった私たち姉妹は泣いて泣いて……声をあげて泣きながら、何十回と言いました。

整形手術をしよう……とまで思っていたこの顔のしみも、恥かしくて外出する時には、お化粧をするか、マスクを外したことのなかったこの私が、「かかなければいけない恥ならかきましょうよ。度胸をきめて神様、神様と呼びなさい……」先生の厳しい御言葉、一瞬私の暗い、氷のような心にも光がさしたようでした。それからの私たち家族は、お教え願った通りに写経し、お墓にもお参りし、御先祖様に懺悔し、『甘露《かんろ》の法雨《ほうう》』を誦《あ》げる、実行そのものの毎日を送ったのでございます。お薬は、まだ呑《の》んではいたというものの、どうでしょう皆さん、寝たっきりの私が、十日と経《た》たないというのに、自分のこの力で床から起き上がれるようになって来たのです。それどころか、「綾ちゃん、お顔のしみ薄くなったわねえ……」と言われるまで忘れてしまっていたのです。ありがとうございます。ありがとうございます。

「ぜひ、一度練成に参加していらっしゃい」とそう勧《すす》められるまま、私は三月二日からの第九十八回宇治練成に参加致しました。その時、私の姉を導いて下さった小父さんが、私を気づかい、三日間行動を共にして下さった御愛念があったのです。第一日目、二日目、やはり一睡も出来ません。それどころか、激しい頭痛が私を襲って来るのです。もう駄目《だめ》だ、今日は帰ろう、明日は帰ろう！……崩《くず》れかかる自分の心に、神様はきっと私を愛し、生かして下さるのだから頑張ろう、頑張ろう……今、この素晴しい御教えに縋《すが》らなければ一生、廃人のような生活を送らなければいけない、と自分の心に言い聞かせ続けました。ただただ、この両の手一ぱいに幸せが、光が、明るさがほしかったのです。

今まで、「少しでいいから食べてちょうだい、一口《ひとくち》でいいから食べてちょうだい……」と母に言い続けられて来た私が、一日目の朝、この手で御櫃《おひつ》から御飯をよそい、一膳食べられたのです。何年ぶりかで口にした御飯、一膳全部食べることが出来た私は嬉《うれ》しくて嬉しくて、「ありがとうございます。ありがとうございます……」声を限りに唱《とな》えながら、一所懸命、頭痛のことなど忘れ、献労《けんろう》に励みました。三日目の夜の浄心行《じょうしんぎょう》では、震え麻痺するこの手で、今までの過去の全てを懺悔し、私を心配し、気を遣《つか》ってくれていた父母、姉に心から感謝しました。その夜、不思議なことに、早く寝なければ、少しでも寝なければ……という恐怖心が少しもおこって来ないのです。それどころか、なんともいえない清々《すがすが》しいこの気持、この夜以来、私は不眠症という恐怖から逃れることが出来たのです。

笑うことの少なかったこの私が、なんと笑いの大会で賞をもらったのです。夢ではないかしら？　流れる涙も拭《ふ》かずトイレに駆けこみ、トイレのあの小さな鏡に向かって、これがあの何年もの間、苦しみ続けた夢遊病者の私？……と何度も何度も尋《たず》ねました。この感激、はっきり覚えています、「素晴しいわね！……良かったわね……」と皆さんに言われ、本当に素晴しい練成を送らせてもらったのです。

神の子さんになって帰って来たはずの私でしたが、何故か、父だけには、どうしても感謝が出来なかったのです。そんな時、鵜籠《うごもり》先生より、「お父さんを、貴女《あなた》を磨いて下さる荒砥石《あらといし》と思いなさい。神様が、お父さんを通じ貴女を磨いて下さっているのです。お父さんは菩薩《ぼさつ》様じゃないの、どうして、その菩薩様に感謝し、手を合わすことが出来ないの？……」と言われました。「先生、私はその父をあやまらせてしまったのです……」と足元へ泣き崩れる私を、優しく先生は諭《さと》して下さいました。こうして、谷口先生の御教えの通り心から感謝し、全てのものと和解出来た時、神様と同波長になることが出来た時、私の激しい頭痛はなくなり、不眠症の恐怖はなくなって、本来の素晴しい、明るい私に戻ることが出来たのです。それどころか、家族全員が素晴しい、楽しい、明るい毎日を過ごせるようになったのでございます。

神の子さんになることが出来た私は、素晴しい半身《はんしん》に巡《めぐ》り合うことが出来ました。〝一生結婚出来ない〟と思っていた私でしたが、十月には結婚出来るのです。「綾ちゃん、貴女は誰よりも、なによりも素晴しい親孝行をして行ってくれるね……」と父母は悦《よろこ》んでくれました。こんなに素晴しい私になることが出来たのも、これもひとえに谷口先生の御教えのお蔭でございます。ありがとうございます。永遠の悦びと無限の健康を、神様は私に御褒美《ごほうび》として下さいました。見て下さい！　この健康そのものの私を、しいみの消えたこの顔を……。御教えに触れさせていただいてまだ日の浅い私ですが、この生長の家の尊い体験を新しい生活に生かし、一人でも多くの人たちのお役に立ちたいと思っております。谷口先生、ありがとうございます。皆様ありがとうございます。

（京都市伏見区津知橋町三六九）

絶縁状態の父母と調和す

神　山　寿　男（33歳）

皆さん、ありがとうございます。私は、東京都の江戸川青年会の神山と申します。今から三年前、この「生長の家」の御教えに触れさせていただきました。当時、私は父母と、大変不調和でございました。私の父は、私の三歳の時に支那《しな》事変で戦死しておりました。私の記憶にはありませんが、二歳の私には、まだ口がきけず、横須賀の基地から出発の時、隊列を組んで行進してくる父を見つけて、「お父さーん！」と初めて父の名を呼んだそうです。さすがに父も嬉《うれ》しかったのでしょう。私を抱いたまま行進したそうです。それが最後の別れでした。それを聞いておりました私は、戦死した父は神様にも等しい存在で、私の心に焼きついていました。

そして終戦、私の家も空襲で焼かれ、戦後の混乱で生活も困窮《こんきゅう》しました。そんな時、母よりも十五歳も若く、私とは十五歳しか違わない年若い父が、私の十三歳の時にいるようになったのです。私は、このことが、いやでいやで仕方がありませんでした。母に、私は「学校に行かなくてもいいから、新聞配達してもいいから親子二人で暮そう……」

と頼んだのですが、母は聞き入れてくれませんでした。そして私は、この年若い父と母とを大変憎むようになったのです。ずっと憎み続けてきました。

そのことが原因とはちっとも知りませんでしたが、三歳になる私の一人娘が、一歳半頃より、一週間に幾回ともなく痙攣《ひきつけ》を起すのに閉口《へいこう》致しました。それと、この苦しそうに息絶《いきた》え絶《だ》えとなる娘を見るにつけて、なんとかならんものかと私は一所懸命でした。――そんな時、この御教えに触れさせていただいたのです。現在、青年会東京城東支部の執行委員長をしておられます島田さんより、谷口先生の御講習会のお誘いを受けたのです。昭和四十三年九月十五日、台東体育館での御講習会でした。その日はちょうど、観世音報恩会《かんぜおんほうおんかい》の発会の日と記憶しております。そして会場の売場で聖経『甘露の法雨』をいただいて帰って来たんです。

それから毎日、仏壇の前で私が聖経読誦をさせていただき、私の出来ない時は家内が代わりに聖経を誦《あ》げさせていただきました。それ以来三ヵ月、一度もひきつけを起さなくなりました。四ヵ月目には、もうすっかりひきつけのことなど忘れてしまいました。そして聖経読誦の方もすっかり忘れてしまったのです。――そんな四ヵ月目に、ひょっこりとまたひきつけを起したのです。その時私は、今まで四ヵ月も起らなかったのですから、もっとこれは大事なことがあるに違いない！　と思いまして、もっと詳しく知りたいと思いました。

島田さんに御相談しましたところ、島田さんから練成に行くことを勧められたのです。四十四年の二月に親子三人で河口湖の練成を受けさせていただきました。この練成がとても素晴しく、生まれて初めて、こういう体験をさせていただきました。毎日毎日が嬉しくて嬉しくて、嬉しさで目も冴《さ》えて、夜も目が冴えて眠れませんでした。特に楠本先生の親孝行の話は、私には身にしみて大変な感銘を受けました。すっかり感謝の気持に心が一変しました。仕事の都合で、五日目で帰ることになりましたが……楠本先生の助言もあり、直《す》ぐ母の所へ行って詫《わ》びようと思ったのです。三年間も絶縁状態になっていたものですから、先《ま》ず電話をかけてということで、電話を致しました。ところが、母の方では本気にしてくれません。第一、「声が息子の声と違う」と言うのです。

「ああ、これは生長の家という所へ行って来て、五日間行って、一所懸命聖経を誦げたので、このような声になったのだ……」こう説明したのですが本気にしてくれません。それと言葉使いが母に対して、大変穏やかで優しい……と言うんですね、それは、生長の家でもうすっかり生まれ変わっているんですから無理はないんです。前の息子と変っているのも無理はないんですが、いくら「本人ですから、間違いないんですから……」と説明しても本気にしてくれません。それで母の方でも、そんな立派な息子を生んだ覚えがなかったのでしょうね、「まあ、そんなことを……バツが悪いんで、人に代ってもらって電話して来ているんでしょう。……貴方《あなた》の後にいる息子を電話口に出して下さい」とこう言う訳ですね、でも、僕の後にはもう一人もいないので、これにはほとほと困りました。

まあ、そういうことで、そんなこと言ってても始まらない、「これからまいりますから」ということで、そういう話をしたのですが、「どなた様か存じませんがお手数をかけて申し訳ありません」とこう言う訳です。――それを聞いて、こんなにも練成で変わらせていただいて、自分ながらビックリするやら驚くやらで母の所へ行ったのです。

ちょうど、父も仕事から帰っておりまして、今までの非を詫びまして許してもらったのです。父の方でも、「私の方に悪い点があった」と申して、「今日は私の母の命日だ」と言うんですね、それを聞きまして、真に神様は、このような日まで用意して下さり、霊界からも応援があったのだなあ! と感激で胸が一ぱいでした。そして、大調和のうちに和解が出来たのです。勿論《もちろん》、子供の病は、すっかり消えてしまいました。谷口先生、ありがとうございます。

それから二年、朝の神想観《しんそうかん》と聖典、『生命の實相』の拝読を島田さんのお宅で続けさせていただいております。その間、戦死した父は徒死《むだじに》でなかったこと、今まで身に降り懸《かか》ってきた、一見困難と見ゆることも、これは私にとってみな良いことで、観世音菩薩が、三十三身《しん》に身《み》を変じ、私を得度《とくど》せんがための現われでした。私の家では代々、観音《かんのん》信仰と聞いています。本当の観音信仰をこの生長の家の御教えによって教えていただきました。

過去において、悪いことは一つもなく、それどころか、無限の神様のお力が私を愛護して下さったことを知り、これからもみな良いことばかりと、この光明思想の御教えを学ばせていただき、正しい人生観を身につけさせていただきました。この御教えを知れば知るほど、もっと年若いうちに触れさせていただいたら……と後悔の念にかられます。今まで、自分だけのことで気がつきませんでしたが、地元の青年会員の方たちの移動で、意外に会員の少なくなっているのに気がつきました。

まだ、御教えに対しては未熟者ですが、『聖使命菩薩讃偈《せいしめいぼさつさんげ》』には「己《おの》れ未《いま》だ度《わた》らざる前《さき》に一切衆生を度さんと発願《ほつがん》修行するもの、即《すなわ》ち誠に菩薩の位《くらい》に進むものにして……」

と示されております。この御教えを、もっと若い人たちに知ってもらいたいと思い、今年の八月には伝道練成を受講させていただきました。この練成を基礎に、地元の光明化にと真に微力ですが、現在、『理想世界』誌を百部一括させていただきました。

日本弱体化の意図によって作られた現在の占領憲法によって、ますます秩序の破壊はエスカレートしております。私たち青年会員が中心となって、一日も早く明治憲法を復元して日本本来の正しい姿に立ち返らせなくてはなりません。この地上に、理想世界を建設するためには、時代を担う青年に天皇信仰をしっかり身につけさせなければなりません。目前に迫る青年会全国大会には、地元青年会員として、多数の参加者を、結集することをこの場において誓います。これで私の体験談を終らせていただきます。ありがとうございます。

（東京都江戸川区小岩町一ノ一〇〇六）

坐骨神経痛が治る

高橋　たけじ（70歳）

ありがとうございます。

今日のようなよい日に、谷口先生の御前《おんまえ》で御礼を述べることが出来ましたことを本当にありがたいと思っております。私、この御教えに触れましたのは、今からちょうど十六年前でございます。苫小牧に居ります時に森先生のお勧めで入信したのでございます。

そして四十三年、この年に娘が結婚する時に、私もという願いも叶《かな》えられて、二人でまいったのでございます。私は主人が亡くなっておりましたし、長男も戦死しておりますものですから一緒にまいったのでございます。そして苫小牧を立つ時には、「今度は御膝下だからしっかり勉強しなさいよ」と励まされてまいったのでございますが、札幌に着いてみますするとあんまり広いので、ただ吃驚《びっくり》したのでございます。その時、ふと思い出したのは向こうに居《お》ります時の『白鳩』名簿です、それを頼りに下垣先生のお宅を尋《たず》ねたのでございます。一度目はちょうど、折悪くお留守でございました。二回目には、可愛いお孫さんが出て来られたので、よく頼んで帰りますと、お忙しい下垣先生が次の日でしたか、その次の日、わざわざ私宅までいらして下さったのです。そして、相愛会のことやら、なにやらいろいろと御深切《ごしんせつ》にお教え下さいました。その頃から、なんか足や腰が時折痛むものですから、〝困ったなあ〟と思って先生に見ていただきましたところ、坐骨神経痛とのことでございました。

早く治りたい！　と思いまして、二、三先生を取り替えてみましたけれど、みんな見立ては同じでございました。それから、大会の日が近付くと裏腹に私の病気はだんだん悪くなって、夜も眠られないようになったのでございます。それで今度は寝たっきりで、仕方ありません。寝たっきりで『甘露の法雨』を一所懸命、真剣に読誦《とくじゅ》させていただきました。『生命の實相』も枕元に置いてかわるがわる一所懸命読ませていただいたのでございます。そして、みんなが寝静まった時には、布団にもたれて神想観を致しました。そうしているうちに、なんだか痛みがすうーっととおのいたような気がしたのでございます。

そうだ、今だ、今のうちだ！　と思いまして、練成に行くことを決心したのでございます。そして道場を訪れますと、ちょうど、大石先生がいらっしゃいまして、「ああ、歩けなくても大丈夫よ。腰掛けられなくても大丈夫よ……」と深切にお教え下さいましたので、そのまま練成を受けることになったのでございます。練成を受けてみますと、受けた人でなければ感じることの出来ないあの素晴しい雰囲気に私は感激して、すっかり自信が湧いたのでございます。そして五日間の練成も無我夢中でございました。

やがて、五日目も終って帰る日でございました。先生方に送られて道場の外に出たのでございますが、ちょうどこんな大きい御門の石の所に凭《もた》れた時です。神様のお声と申しましょうか、「なんだ、練成を受けたんでないか、歩いて帰れ！」と言われたのです。そうだ、歩いて帰ろうと思って、ぽつらぽつらと歩き出したのです。歩けたのです。いくらでも今度歩けるものですから、嬉《うれ》しくなって……四条の二十丁目から十五条の十七丁目ですから、丈夫な足でもかなりあるんですけども、なんとか辿《たど》り着いたのでございます。

ちょうど、夕暮れ時でございましたので、家では赤飯を蒸《ふ》かして待っておりました。そして車で帰るとのみ思っていたのに、歩いて帰ってのっこり顔を出したものですから、娘たちはもうビックリしまして、「母さん、あそこから歩いて来たの？」と喜びと驚きとに迎えられたのでございました。その時私は、なんて自分は幸せ者だろう！ とつくづく思ったのでございます。

そして、その次の日からは大森先生にお教えいただいた通り、一日三時間半ずつ毎日同じ時刻に先祖供養をさせていただいたのでございます。そうしますと、時期も時期でしたから汗どっぷりでございました。その繰り返しをしているうちに、あの頑固《がんこ》ないやな痛みはすっかり消えていたのでございます。ありがとうございます。こんなになれたのも、ありがたい御教えがあればこそ、また素晴しい練成があればこそと、つくづく感謝したのでございます。せめて、その感謝の万分の一もと思いまして、只今《ただいま》は毎月ある練成道場の調理場の奉仕団に加えていただきまして、一所懸命お手伝いさせていただいております。『白鳩』誌の愛行もさせていただいております。どうもありがとうございました。

（北海道札幌市南一五条西一七丁目）

妻と調和し、半身不随治る

沢　崎　　繁（62歳）

谷口雅春先生、ありがとうございます。先生は絶望のどん底にあった私を御教えにより生きることのよろこびと希望をお与え下さいました。

会場の皆さん！　本日私が不自由な身でこの壇上に立ちましたのは、十日間の練成で寝たきり同様の私がこんなにも明るく、こんなにも光に輝いた元気な顔を見ていただき、そしてこの体験を、全国津々《つつ》浦々《うらうら》の皆さんにお伝え下さるよう念願するからであります。

花の都宇治の道場で島崎先生ほか諸先生の御指導により、九月十六日私は新生させていただきました。現象的には、病は残っております。しかし私の心には、「人間神の子。病は非実在なり」の信念はもう微動だにいたしません。

私は十年前、一夜にしてなんの前触れもなく右手、右足が痺《しび》れまして、半身不随という難病に取り付かれました。それから以後は勤務のかたわら、各地の病院を渡り歩きまして、つけられた病名も椎間板《ついかんばん》ヘルニアとか、脊髄《せきずい》麻痺とか、或《ある》いは脳軟化による麻痺とか様々でありまして、しごく難病でありました。そして、病気に良いと思われる鍼《はり》、灸《きゅう》、漢方薬と、あらゆる療法を尽してまいりましたけれども、いっこうに良くなるどころか、一年、一年、体の代謝《たいしゃ》と共に、むしろ悪化して行くと、自分で感じていたのであります。

そして最近では、一歩も立ち上がることも出来ず、寝たきり同様の生活をやりますため、人に話をするのも疎《うと》ましく、ちょっと電話で話を致しましても息切れして肩で喘《あえ》ぐような状態となり、絶望から諦《あきら》めへと本当に暗い毎日を送っていたのであります。既に医者から見放された私の体を治すのは信仰の道以外にないと、家内が知人に勧められて約一年ほど前、この生長の家に入信させていただきました。しかし、私の長い病気の頑《かたく》な心は、そうした家内の道場通いにも決して快く思わず、神誌『白鳩』『生長の家』……と読むように言われましても、疲れを理由に読むことを頑なにがえんぜず拒《こば》んでいたのであります。そうした中で、今度の宇治練成に参加することになったのでありますが、これも実は妻の「温泉へ行こう！」という甘言《かんげん》に乗せられまして、しかも孫と娘夫婦が車で送ってくれる……というおまけまでつきましたので、喜び勇んで出かけたところが、だまし討ちのようなかっこうで、この宇治の練成に参加させられたのであります。

私は、今まで唯物論的《ゆいぶつろんてき》なものの考えしか出来ませんでした。しかし、御教えは私にとって驚きそのものでした。「人間は神の子である。無限の生命をもつ神によって生かされている。だから本来、病気なんかはないのだ。もし、あるとすれば、それは心の迷いの影にすぎない……」と、こうお教えいただきました。私は、過去の自分を省《かえり》みてどうであったろうか？……妻に愛情と感謝がたりませんでした。この病気、この病気と、病気にとらわれすぎておりました。病気に甘えて、自分を自己限定しておりました。昨日までの私の考えを無にして私は神に全托《ぜんたく》しよう！　そして、天地一切のものと和解して感謝に徹してみよう！　自我を捨てて、ひたすらに祈ろう！　こう決心致しました。そう致しますと、昨日まで口先だけで言っていた「ありがとうございます……」という言葉も心から言えるようになりましたし、笑いの大会でも錆《さ》びついた顔面の筋肉は自然にほぐれて、大声で笑うようになっておりました。

第五日目の浄心行で身も心も洗われました私は、九月十六日の第六日目を迎えたのであります。その日は入龍宮幽斎殿《にゅうりゅうぐうゆうさいでん》で神想観の行われる日であります。私は、温かい皆様の愛情に守られて、バスに乗りこみました。荘厳《そうごん》なる社《やしろ》の中で、気分も新たに神想観が終った時であります。今まで私の左足、畳をついて離れなかった足が軽々と持ち上がるではありませんか。そして左の肩も、腰のあたりに鉛をつぎ込んだような鈍痛が消えて行くではありませんか。私は、一歩、二歩、三歩……と三年ぶりに自分の力で夢遊病者のように歩いていたのであります。ああ足が上がった、歩けるぞ！　歩くんだ……私は悦《よろこ》びと感激に満ちあふれて男泣きに泣きました。横に嬉し泣きする妻の顔がぼんやりと見えました。愛は癒すと申しますが、妻のひたむきな愛は私の頑《かたく》な心を撫《な》ぜまして、ついに真理に触れしめ、この難病とひん曲った心を、同時に癒してくれたのであります。

私は、それから毎日、旭区道場に通い、神想観に、そして聖経、聖典の読誦に、そしてまた歩行練習に、それからこの宇治へ一人でも多くの人を送ろう！　と懸命に頑張っております。私は、谷口先生からいただきましたこの第二の人生を、地上天国建設運動と人類光明化運動のために邁進《まいしん》しますことを皆さんの前にお誓い致しまして、私の体験談を終らせていただきます。ありがとうございます。

（大阪市旭区大宮五ノ一九）

脳溢血の再発が治る

西　田　三四五《みよいつ》（56歳）

谷口先生ありがとうございます。

皆さん、ありがとうございます。

私は四十一年六月、脳溢血《のういっけつ》で倒れ、完全に半身不随になりました。そうして、その時は医療によりまして、だんだんと恢復《かいふく》いたしましたので、どうやら社会復帰も出来るかな？　と思っておりましたが、矢先の四十三年の五月に再発してしまったのでありました。再発と同時に、本当にものすごい頭痛に襲われたのでございます。それと同時に耳鳴り、そうして左半身の痺《しび》れでございますが、これには私も、もうどうにもならんような状態になってしまいまして、方々の医者に、薬にと……いろいろとかかったのでございますけど、手足の不自由なのはもうかまわん、治っておらんでもいい、「どうかこの頭の痛いのだけは治せる方法はないか?」ということを医者に言いましたら、「西田さん、脳溢血再発してあんた命あるのが不思議なぐらいや。もう、たいがいの人は死んでしまうのや、だからあんた、後遺症は仕方がありませんよ」このようなことを言われたのでございます。

私は、それぐらいのことでへこたれるようなことはせずに、もっぱら、どうしてももう一度立ち上るんだ! ということでやっておりましたが、どうも頭の痛いのだけは堪えきれない、それがために夜も、この頭割れてしまって、いっそあの世へ逝《い》ってしまえば楽になるのではないか? それは真理を知らないためにそのように思いまして、柱に頭をぶつけたことも数回ございます。そしてガラス戸に頭を突っ込んだこともございます。しかしそれでも、どうも死ぬことも出来ませんでして、苦しみぬいておりました時に、私の同業者でありまして親友でありますところの生長の家の地方講師を拝命しております西野政一《まさかず》講師に、「西田! もう好《え》え加減のところで生長の家の教えをやってみんか……」ということを勧められまして、私も、これではもう神によって救われるしか道はないのだ! ということに心が決まりまして、そして素直にやろうということで誌友会に、或《あ》いは講演会に誘ってもらって参加しておりまして、この宇治の練成道場へ四十四年の九月の神性開発一般練成会に参加させていただきまして驚きました。

本当に「ありがとうございます」で迎えられて、「ありがとうございます」を行《ぎょう》じさせてもらいました時に、本当に私が知らなかった世界があったのでございます。そうして十日間の練成を、本当に半身不自由な体で皆様に遅れをとらないようにやったことは辛《つら》かった、けれども、心に本当にほのぼのとした悦びを感じたのでございます。そして、練成を一度受けたぐらいで、この病気が癒されるようなことがあまりにも……そんなことがありましてはあまりにもぼろすぎると、二回も三回も四回も五回も練成を受けて、そうして、もう医者から見放された私でございますので、この教えに本当に生命を投げ出してやってみよう！　ということで、ただ今も練成から引き続きまして奉仕をさせていただいておりますが、六回宇治練成を受けさせてもらいました。

そうしまして、私の信念も固まりまして、本当に、「人間は神の子であって実相は円満完全だ、無限の可能性があるんだ、肉体も環境も自分の心の影である。本来病気というものはないのである！」という素晴しい教えが自分の心の奥底にたまって来て、そうしてこの素晴しい教えを自分一人のものにせずに、一人でも多くの人に伝えて、苦しんでおられる方をお救いしなければならない！　という気持がふつふつと湧いてきたのでございます。そうして家にありましては、教えられました生長の家の三行——神想観・聖典・聖経の読誦、それと一番大切なところの愛行に徹し切ることにしたのでございます。そうした時に、私の半身不随はこのように癒されております。

そうして自信がつきましたなれば、伝道する上におきましても、「私がこのようになったのですよ。皆さんもやってみませんか」というふうにお勧めが出来る自信がついたのでございます。それで私は、もう、今、心は嬉しくて嬉しくて悦びでいっぱいでございます。今年で三年間、この秋の秋季大祭、詳密《しょうみつ》大講習会の奉仕も三年続けてさせていただきました。こんな喜びがどこにありましょうか……私は、本当に幸福者そのものでございます。家族の者たちも共に悦んでくれております。だから私は、この谷口雅春先生の御心に添い奉《たてまつ》らんがために日夜、身命を賭《と》してこのみ教えを実践し、お伝えして行こうと、もう既に覚悟は決まっております。生涯を通じまして必ず、もっともっとこの教勢を拡大致しまして、私が今、念願としているところは相愛会副会長をさせて頂いておりますけれども、必ず本年度中には相愛会を分蘖《ぶんけつ》していただきまして、そうして、より一層の誌友、聖使命会員を獲得して、教勢拡大に励みたいという覚悟で、この壇上に立たせていただいております。ありがとうございます。

（大阪府泉佐野市鶴原町三ノ一ノ九）

心臓発作治る

坂口　実（50歳）

皆さん、ありがとうございます。

私は、去る七月三十一日、職場におきまして心臓発作を起し倒れた訳でございます。救急自動車で病院に運ばれ、病院では心臓の専門医であるところの九大の先生が見えられまして、心電図その他の診断の結果、「絶対に安静、大小便も休んだまま取るように……」との診断でございました。しかし、先生の処置としては、注射をし、点滴注射をし、あるいは酸素吸入と、先生方の慌《あわ》てようによりまして私の死は目前に迫っておったことを知っておったのであります。

しかし私は、「生長の家」の御教えに触れまして十幾年、一度、練成を受けたい！練成を受けたい……と思っておりましたけれども、その機会に恵まれなかったのであります。今となっては絶体絶命、もう今晩死ぬか明日死ぬか分からない状態に陥ったのでありましたけれども、私は、今、ゆには会館へ行きたい！　これがたとい一日で終ろうと、半日で終ろうと私にはもう思い残すことはない……と決心致しまして、家内とよく相談をし、無理に退院をさせていただいた訳でございます。――その時に、看護婦さんに聞いた訳でございますが、心電図の結果、脈搏《みゃくはく》は人の三倍ないし四倍、数にして二百五十から二百八十打っていたのであります。

そして八月の二日、ゆには会館へ私は参りまして、あの百数段ある階段を三段上ってはひときり休み、五段上ってはひときり休みと……依然として病状は衰えず、呼吸は困難でございました。いつ倒れるか分らない状態ではありましたけれども、目指すところは、ゆには練成道場でございますので、入口まで、どうしても私は一歩でも踏み入れなければならないと決心し、一所懸命ある限りの力を尽くして、あの階段を上った訳であります。

そして、とうとう道場へ着きまして、それから、三日間というものは一睡もしておりません。勿論《もちろん》、練成へまいって三日間一睡もしなかった訳ではないのであります。発病以来一睡もしておりません。それで病状は依然として、四日も五日もなるけれども変らない訳であります。呼吸は困難、たしか四日目であったと思います。私は、坐《すわ》っても立っても居られないような呼吸困難で、もう酸素が足らないような感じで、失礼ではありましたが、私は後の方で横になって先生の話を聞いておったのであります。

しかし、三日も四日も休んでおらないために、くたびれが出たのでしょう。先生のお話を聞きながら、いつとはなしに私は眠ってしまったのでありました。そして幾時間の時間が経《た》ったのか私には分りませんけれども、誰か私の胸をぽんと叩いたような軽い感じがしたのであります。「お前は、この練成道場になんの話を聞きに来ておるのか！お前が考えているところの感謝と、ここで教えていただくところの感謝とは大きな違いがあるのだ。お前が考えておる感謝というのは、電車に乗るに電車賃をなくし、友達にそれを借り受け、〝ありがとうございます。感謝します〟という、ただ通り一遍《いっぺん》の感謝にしかすぎない感謝であるぞ、本当の感謝というものは、ひもじさのあまりに、火のつくように泣き叫ぶ赤ん坊をその母親が抱え、路頭をさまよい、買って与えるべきミルク代もなく、ああ、この世に神も仏もないものであるか、こんな苦しい思いをするならば私は、いっそこの子と死んでしまいたい！　その時、ある奥様が現われまして、〝私のでよかったらどうぞ〟と言って、その泣き叫ぶ赤ん坊へ乳房を含ませた、やがて赤ん坊は満腹か安心したのか、すやすやと休んでしまった。神様の話を聞いているのか、神様の子守り歌を聞いているのか、すやすやと休んでいるその赤ん坊は、にっこりと笑っている。これを見た時にその母親は、思わず〝ありがとうございます。感謝します。神様、ありがとうございます〟といった。これが『生長の家』で教えるところの感謝であり、そこに神が現われたのであるぞ……」と私は知らせていただいたのでございます。

その時に、はっと私は気がつきまして、その三倍も四倍も、ある時は四日も五日も私を苦しみ続けて来た心臓病もどこへやら消えてなくなっておったのであります。ありがとうございます。どうか皆さんも喜んで下さい、『生命の實相』谷口先生の教えていただく、神の子人間にかかる病なし……とは真に本当のことでございます。私が練成を受けなかったならば、かの電車賃ぐらいの感謝しか私には湧かなかったでありましょう。

しかし、結果におきまして、九日間、私は練成を受けさせていただきましたが、九日間というものは、ただ飯を食い、ただで泊めてもらったようなことになったのでありますす。どうか皆さんも、真剣に練成を受けられまして、私同様、素晴しい結果を得られますよう祈りまして私の体験談を終らせていただきます。ありがとうございます。

（福岡県嘉穂郡稲築町西岩崎宮一〇四九）

四歳の娘の心臓病治る

泉　峯　子（31歳）

皆さん、ありがとうございます。

私は徳谷相愛会の泉峯子と申します。私が入信致しましたのは四十三年の一月でございました。そのきっかけと申しますのは、今では四歳になっている長女が出来ました時に、「貴女《あなた》の赤ちゃんは、先天性の心房中隔欠損症《しんぼうちゅうかく》といいまして、心臓に穴があいている。出来ると同時につぶれなければならないものが、つぶれていない。だから、三歳になって手術をしなければならない」と宣告されました。その時、私は身が崩れる思いが致しました。

おんぶを致しましても胸を圧迫致しまして、左の手が痺《しび》れ青くなり、お風呂に入れましても長湯は出来ませず、抱っこを致しましても心臓の音が分るぐらいでございました。色は青白く、お乳を飲んでは寝、お乳を飲んでは寝、本当に元気のない子供でございました。そうしている時に、徳谷で生長の家の会合がありまして、母がその時に行っておりまして長女のことを話して下さったそうです。

その時に先生は、「人間が人の体を作ったのではない、神様が授けて下さったのだから、それぐらいの心臓に穴があいているなど、小さい穴など直《す》ぐ良くなります」とおっしゃって下さいました。それで私は子供を連れて個人指導を受けたのでございます。その時に先生は、「貴女は……貴女の家は中心が誤っている。貴女はお乳が出ますか？　お乳は父です。主人です。貴女に神様が気付かせて下さったのだから貴女がなおさなければならない。貴女は宇治へ行って人生の九九を勉強して来なさい」と強くおっしゃって下さいました。まだ入信して一ヵ月足らずの時でしたが、雲を摑《つか》む思いで自分が行ってよく治るのだろうか？　半信半疑で宇治へ行ったのでございます。

宇治での十日間、無我夢中で一所懸命努めさせていただきました。その時私は、今まで両親に対して、うわべだけの体裁《ていさい》で繕《つくろ》っていたのではないだろうか？　打ち解けていなかったのではないだろうか？　主人に対しても感謝が出来ていなかったのです。なににつけ、かににつけ心がこもっていなかったのです。そうしたことに気付かせていただきました。

それから、宇治から帰りまして、一番先に私の耳にかえってきたことが、近所の方から「まあ、小百合ちゃんは元気になったねえ」という言葉です。その時私は天にも昇らん思いが致しました。それからというもの、なにもかも一所懸命、本当に今までは何気なく過ごして来たことが、全部私の過《あやま》ちだったのです。それに気付かせていただきましたのも、生長の家、谷口雅春先生のお蔭だと感謝致します。今では相愛会が出来まして会計もさせていただきまして、愛行もさせていただいております。これもまず、一番初めに協力して下さったのは母です。母が今まで引きずって行ってくれなかったら私は、今日はこうして発表することは出来なかったのです。

そして、相愛会の会長さんにもいろいろ御助言をいただきました。今では下に一人、子供ももうけまして、父を中心にして平和な家庭を送っております。皆さん、ありがとうございます。

（高知市一宮町三三〇八）

低血圧、肝臓、胃の障害治る

西畑　清正（53歳）

谷口先生ありがとうございます。

皆様、ありがとうございます。

私は終戦後、〝神も仏もあるものか〟と思って、〝自分さえ良ければいいのだ〟と思って農業に一所懸命に勉強致しておったのでございますが、今年のちょうど六月前に、非常に健康を害しまして、医者に診《み》ていただきますと、「血圧はちょうど、最低の九〇しかございません。そこへもってきて、肝臓は腫《は》れておるわ、そうしてまた、動脈硬化で爆発寸前になって馬鹿中風になる……」とお医者さんはおっしゃいます。そこへもってきて、胃はものすごく爛《ただ》れとる、左足は一年間もう痺《しび》れっぱなしでどうにもならんと、まあ頑張っておったような次第でございます。

ところが、なにも信仰しておりませんから医者に診《み》てもらって、薬と、そして養生さえしておれば治るだろう……と思って渋々《しぶしぶ》、しんどいのも我慢致しまして田植《たうえ》も無事終りましたのでございますが、終ると同時に寝込んでしまいまして、どうにもこうにもならんようになりましたのでございます。孫もちょうど、四歳になるのでございますが、「おじいちゃん顔色悪いしなあ、もう死んじゃうのと違うのやないかなあ?……」こう言いますから、私も、ああ、もうこれは駄目だ、このまま死んでしまうのかな? 朝が来ましたら、もうこんな体はだるいし、もう息の根とまったらええがなあ……と毎日、愚痴《ぐち》ばっかり家内に言うておったのでございます。そうこうしているうちに、ますます体も衰弱致しまして、ある時フト、鏡がそこにあったので、寝床で自分の顔を見ましたところが、もうその時吾《われ》ながら、ほんまにびっくりしました。本当にやせ衰えて、唇には血の気はないし、肝臓が悪いものだから目のフチは真黒けになってるし、もう、なさけのうてなさけのうて、人生ちゅうのは何しに生きたのやなあ？　と思って、がっかりしまして、そいで、ひょっと家内の顔見ましたら、家内は数年前から非常に「生長の家」を信仰しておりましたのでございます。そう致しますと、私の顔と対照してみましたら、〝なんと、まあえらい差あるもんやなあ〟と思って、そこで、つくづく、ほんまに懺悔《ざんげ》致したのでございます。でも、口には出さなんだでございます、それちゅうのは、いつも仏壇で『甘露の法雨』を誦《あ》げるとか、神想観やった時は、「ああ、やかましい、そんなものやめとけ！」言うても、やっておりましたから、えらい違いやな、やっぱりなんかな、精神力であのくらい若々しくなって、若返ってくるなあ、それに親父はあべこべに青なってしもうてやな、これはもう早ういくかしらん――こう思っていた時に家内が、「練成に行ったらどうか……」こう申しましたので、まあ、そういう気持もありましたので七月の二十一日に練成に参りました。

そうして、練成参加者が全員、自己紹介を致しましたのでございますが、もう蚊の鳴くような声で、ぱあーっと言うときましたのです。それから、もう本当にしょうがないものですから、みんな、ぱあーっと顔見られて、見られた時に、もうその時にがっかりしまして、顔をこう横向けとったのですがねえ、自分自身が鏡でやつれとるからね、情けないと思って。そして教えをいろいろ受けさせていただいたのでございますが、だんだんと神想観なり、或《ある》いは浄心行をさせていただいて懺悔も致しまして、〝これではいかんなあ〟と思って、その時に、がっくり、がっくり、がやーっと曲がっておった心をぱあーっと放り出してしもうて、そして、あらゆる三日間のやつをばしゃっと詰めこんで、そうして家へ帰ったのでございます。

それで先ず第一に、〝これは実行しなきゃならん〟とこう思いまして、その晩から食事も前後、合掌致しまして、いただいた後は、「完全消化して、そうして血と肉となりました。……」これをずうーっと今日まで、ちょうど二ヵ月余りになりますが、やっております。お蔭でぶくぶく肥《こ》えてまいりました。そうして神想観とか、或《ある》いは『甘露の法雨』を仏壇の前で一所懸命に念じました。蜿蜒《えんえん》、一巻誦《あ》げるのに初め二時間半かかりました。そしたら家内が、「お父ちゃん、そんなん慣れたら二十分か二十五分でしまいや……」「お前は、そら長いことかかってもう腹の中に入っとるかしらんけど、ワシはまだ四日か五日やから、一所懸命やらんとあかんのやで。心の中ががらっぽになっとるから、ボツボツ何遍《なんべん》も読み返して、その『甘露の法雨』の一枚一枚、ずうっと腹の胃袋の中に畳んでるのや、そして畳んでしもうたらチャックで、ここの辺、すっと締《し》めてしもうた……」そう申しましたら、「そのぐらい徹底したら、お父ちゃん、病気、直《じき》に治ってしまうがな……」悦びましてね、それでもう一遍に家内中、ぱあっと明るくなりました。

そうして、一ヵ月ほど行《ぎょう》じておりまして、医者に、ちょうど、先《せん》にかかっておりましたから、まあ一遍《いっぺん》診《み》に……もう、これでええやろ、と思うとったのですが、診てもらいましたら、血圧も百二十にもなり、また肝臓も、或いはコレステロールも、胃も抑えられとったのが、或いは、神経痛もすっかり治って一貫目肥《かんめこ》えとり、ちょうど四キロ、それで現在は、また一ヵ月経って、先生が、「あんまり不思議やから来い」と言われまして、診ていただきましたら、ちょうど、体重は十キロ増えておりました。そうして、体の中に『甘露の法雨』を入れておりますから、「腹そのものが若返ったようになった」と先生が言われましたのです。本当にありがたいなあと思って、これもひとえに谷口先生のみ教えを受けたお蔭で、血も湧き、肉躍《おど》るようになったのは、本当に谷口先生のお蔭と感謝致しております。どうもありがとうございました。

（奈良県大和郡山市池之内町五三五）

主人の脳軟化症治る

早川　つた子（45歳）

谷口先生、輝子御奥様、ありがとうございます。皆様、ありがとうございます。この栄《は》えある御講習会におきまして、体験談をさせていただきますこの身の幸せに心より感謝致します。ありがとうございます。私の主人は若い頃から酒好きで、大変苦労を致しました。最近になりまして、体の調子のために晩酌を決めて飲むと約束しておりましたが、私が毎晩、御先祖様に一所懸命にお経を誦《あ》げております間に〝母さんがいないから、ちょっと一杯余分にやってやろう〟というような主人でございました。私は、あんまり良《い》い気がしないので、「人が一所懸命にお経を誦げているのに、あんた、そんな盗み酒していると、そのうちに罰があたるわよ」なんて言って、私も、つい言わんでもいいことを言ってしまったのでございます。

そういうことを繰り返しておりますうちに四十六年の四月でございました。主人は、脳軟化症を起しまして半身不随となってしまいました。二ヵ月入院致しまして、順調に恢復《かいふく》致しておりましたが、十月頃より癲癇《てんかん》のような発作がおきるような症状となってしまいまして、最初の頃は、その発作が二ヵ月に一回ぐらいでございましたが、だんだんと月に一回、二回と回数が増えまして、絶えず発作の恐怖に悩まされるようになりました。私は、〝なんとか致しましてその発作や恐怖心を治していただきたい〟と思いまして、あちらこちらの皆さんに教えていただいたいろいろの療法をしていただきましたけれど、いっこうにその甲斐《かい》もなく困っておりましたところ、ちょうどお導きがありまして、愛知県の教化部長・和田英雄先生のお話を聞かせていただき、心から感動致し、本当に救われたような気持で入信させていただきました。

主人は早速、四月の岡崎の練成に参加させていただきまして、その時は、私も一緒に行かなければならないのですけど、主人が倒れました後の魚屋の店を息子と主人の兄と一緒にやらなければならないために、心ならずも一人で行っていただきまして、その練成を受けさせていただくのと、入信させていただくのと同時に医者も薬もすっかり止めてしまいました。そして、五月には、この宇治の練成にも御世話になりました。六月には信濃練成にも御世話になりました。

そして七月八日、和田先生に個人指導を夫妻共々受けさせていただきまして、先生より懇々《こんこん》と夫妻の調和と、実相は完全であることをお話いただきまして、「もう、あなたは練成の熟練工なんだから、もう早速、舞鶴の両丹道場へ行って最後の総仕上げをしていらっしゃい」というふうに御指導をいただきました。そして和田先生は主人に、「大丈夫！　あなたならきっと出来ますよ。僕が引き受けてあげます」というふうに力強く励ましていただきまして、主人は、「はい」と言って七月の十日に舞鶴の方に御世話になりました。私も、〝舞鶴の方へ行っていただければ、もう本当に安心して後の仕事が出来るんだ〟と思って喜んでやっておりましたところが、十日ほど経《た》ちますと電話がかかってまいりまして、「母さん、また発作おこしたんや。長村《おさむら》先生は、少しも心配はいりませんよ、必ずもとの完全な姿にかえるんだから、完全なる実相を見つめなさいとおっしゃるんだけども、ちっとも良うならん、ちっとも良うならん」と言って、ついに二週間目に一度帰って来てしまいました。その時は、本当に元気がなく、もう疲れきってしまった様子で、私も、〝せっかく、あんなに楽しみにして送り出したのに〟と思って、もう、こんなことではどうなんのかしらん？　と思って、本当に不安でいっぱいでございました。

その頃ちょうど、名古屋の相愛会の方たちが「あなたが、そんなこと言っていてどうするの。御主人が出来ないということは、あんたが出来ないことなんだ、頭でわかっていることでは駄目《だめ》なんだ、行じなきゃ」というふうに励まされまして、私も、「あっ、そうだった！　主人も私も神の子だったんだ、実相はみな完全なんだ、実相円満完全、実相円満完全」……と。そして、再び主人を両丹道場に送り出しました。出発される時に、口では「必ず良くなるんだから頑張って下さいね」と言ったものの、まだ心の片隅では、これが別れになるのではないか？　と本当に淋《さび》しい気が致しました。でも、そんなこと言っていてもいけませんので、私も忙しい中を、市場の連休を利用致しまして、八月の十三、十四日とわずか二日間でございましたが、この宇治の練成会にお世話になりました。そして、あの荘厳なる神癒《しんゆ》の社・入龍宮幽斎殿での神想観、写経もさせていただきまして、「天地一切のものに事に感謝せよ」と教えられまして、果して私は、主人に今まで心から感謝したことがあるだろうか？　愛もなく裁いてばかりいて、病気になったのも自業自得《じごうじとく》なんだ、というような本当に私は思いあがった気持でおりました。

島崎先生の浄心行《じょうしんぎょう》によりまして、「お父様、お母様、ありがとうございます。主人よ、子供たちよ、本当にすみませんでした」と懺悔《ざんげ》の涙をいっぱい流させていただきまして、それからは本当に、この胸につかえていたものが、スカッと取れたような気が致しまして、毎日、主人の実相円満完全、実相円満完全……と一所懸命に拝んでおりますと、その頃より、主人のニコニコした顔が浮んでくるようになりまして、しばらくしましてまた電話がかかって来ましたもので、また悪くなったのかしら？　と思って、私は、ビクビクしながら受話器を取りましたところが、

「母さん、治ったんや！　良くなったんや、長村先生や、兵藤先生、塩尻先生や皆さん、練成員のお方たちの一所懸命のお祈りのお蔭《かげ》なんや、もうどんな献労《けんろう》してもちっともえらく（つらく）ないからなあ、もうすぐ帰るから待っとってやあ」という本当に嬉しいニュースでございました。私は、「良かったねえ！　良かったねえ」と言ったきり、もう後は声になりませんでした。

それから月末になりまして、立派に卒業式をさせていただきまして凱旋《がいせん》将軍のように帰ってまいりました。そのニコニコした顔、本当に元気な様子、私は夢ではないか？　と、この目を疑ったくらいでございます。私も、忙しい忙しいと言っていては申し訳が

ないので、先生に一言御礼を申し上げなければと、早速両丹道場へ家族の者たちの協力を得まして出かけ、一週間の練成を受けさせていただきました。本当に、諸先生方の慈愛溢《あふ》れる御指導ぶりにただただ感激あるのみでございました。そのかたわら、道場では徹底的なる「ハイ」の生活でした。街《まち》へ出まして祝福行もして歩きました。そして、〝もう本当に、主人に、子供に私は申し訳ないことをしていたのだ〟ということが解《わか》らせていただきまして、自分の心が変ったならば周囲がこんなにも変ったものかと、私はつくづくこの身で体験させられまして、主人も発病以来、不能となっておりましたけれど、主人の体は立派に、もとの完全な体に恢復させていただきました。本当に私は今まで、心から愛することも出来なくて、当然の報いで、もう、こういう状態で仕方が無いのだと諦《あきら》めておりましたけれど、こんなに嬉しいことはございません。これもひとえに尊師谷口雅春先生のお蔭でございます。ありがとうございます。ありがとうございます。

現在では私の家はみな、主人も元気に仕事をして、子供たちも素直に明るい良い子になりまして、一所懸命に仕事を手伝ってくれます。この尊きみ教えを一人でもより多き人々にお伝えせんがために、記念と致しまして百部一括をさせていただきました。人類光明化運動のために、主人ともども愛行に一所懸命に精進させていただきます。今日は主人も写真で一緒にお話させていただきました。皆様、どうもありがとうございました。

（名古屋市中村区中村町五ノ二九）

神経痛と痔が治る

伊藤五朗（58歳）

ありがとうございます。

私は、五月の札幌における北海道の練成会に参加させていただいた者でございます。皆さんの中でも、たくさん御参加になっていると思いますけれども、私は私なりにどういう動機で、どういう状態で、どういう結果になったかということをお話させていただきたいと思います。

私は元来、真面目人間ではないわけです。非常に、人様の話を聞きますと批判的に、話半分に聞く……と、こういう悪い癖を持っている男でございます。ですが今まで長く勤めておりました会社生活も終りまして定年になりまして、やはり人間的に不安というものも出て来ます。悩みというものも出て来ます。生長の家のことにつきましては若い時に、ちょっと読ませていただいておったわけでございます。

戦争に参りまして、やはり苦しい時の神頼みといいますか、そんな状態で、苦しい時は一所懸命念じますけれども、終ってしまうとケロッとして忘れてしまう！　というような悪い癖がだんだん募《つの》って、少し信仰の域《いき》にでも達したら、なんとか救われるんじゃないか！　というような気持を常日頃持っておりましたところが、たまたま池田町に野口先生が来られた時にいろいろありがたいお話を承《うけたまわ》ったわけです。〝大変素晴しい!!〟というようなお話でございますが、その素晴しいというのがどうも気に食わない——と、悪い癖でございます。抵抗が出て来るわけです。素晴しいって、いったいどういうことなのだろうか？　いろいろお話しておるうちに、「ともかく練成会に一回顔を出してみてはどうか」というようなお勧めがありましたので、思い切って札幌にまいったわけでございますが、そんな気持でございますので、せっかく汽車賃かけて行っても、さて、これからのことを不真面目人間に出来るだろうかどうか？　というようなぐあいで尻込みしてしまう、まあ帰ろうかな？　時間見ると帰る時間がありますもので、帰ろうかな？　とこんなような気持が出て来るわけです。

これじゃ駄目だ！　というので、目をつむって観念して門をくぐりました。——受付に参りますと、やはり神聖な道場ですから神聖な空気が充満しております。いや、こんな私が来ていいのか？　というような気持になって黙っておりますと隣の人がいろいろ話しかけてくれました。その人は、まだ私よりも上まわったような気持を持っておられます。「五日間の練成というのは俺《おれ》には気に食わない。これじゃ堪《た》えられない」というので、飲み屋に行って一杯ひっかけて来たわけです。そうして呂律《ろれつ》がまわらないようになって、「もう俺は明日帰るんだ」と、帰る決心しているわけですね。私は五日間我慢しようと思ったんですけども、これはまあ良い友達が出来た！　とそんなようなぐあいで、今度私の方からなだめる番になりまして、「いやせっかく来たんだから、あんたは五日間ひとつ私とつき合いなさい」とまあこんなようなことでした。「あんた、どうして来たんだ？」と言ったら、「神経痛で、毎日毎日とにかく痛む。社長命令で、社長さんが信仰深い人なので、とにかく行って来い！　というので、気に食わないんだけども来たんだけども、もう腹くそ悪くて一杯ひっかけて来た」こういうようなわけです。

まあ、そんなようなぐあいで始まった訳でございますが、初日の晩は、「どういう動機で来ましたか」というようなことをいろいろ聞かれます。私みたいな人も居りますけれども、やはりみんな熱心な方々でございます。ですが、中には、特に若いような人は、

「私は、こんな所は大嫌いだ！　ですけれども親が病気でついて来ました」とこういう人も居《お》ります。まあ先生の顔を、私見ておりましたけれども、先生は慣れたものでニコニコしておりました。こういうような、いろいろの方々を相手にして練成が始まるわけでございますが、私も一所懸命になんとかしなければならん！　というような気持でやりました。

そうすると、二日目、三日目頃から、そうした気持の人が、だんだんだんだんなおってくる、私の気持もだんだんだんだんなおって来るわけです。特に病気のあるような人、昨日まで入院しておって、お粥《かゆ》だけ食べておったというような人たちが、普通の我々の健康体の人と一緒の御飯を、「いやあ、うまくて……」というように、おかわりする人が出て来るわけですね。まあ非常に素晴しい！　といいますか、奇蹟が出て来たわけでございます。

そして最後の晩でございますけれど、「今度は感想を述べていただきたい」というようなあいになるわけでございます。その時には、最初に来ました動機を申し述べた時の態度とは、ほとんどの方が変ってしまっている。非常に素晴しい!!　というような光景がまのあたりに展開するわけです。感激深い人たちは、涙を流して、とにかくものも言えないというような方が沢山《たくさん》出て来ます。病気が治るから、まあそうだと思いますけれども、そうすると、今度私のことになりますが、私は、やはり以前からの癖がなかなか取れないので、批判的といいますか、客観的といいますか、そんな目で眺《なが》めているわけでございます。ああ、これは素晴しい光景だ！　――ですけども自分の心は一皮かぶっておるわけです。そういう心から抜け切って信仰の域に入ろうと練成会に参加させていただいたけれども、それが出来ない！　残念だなあ！　とは思いながら、とにかく素晴しい光景は自分は体験したわけでございます。

まあ、そんなわけで、それで終ったとすると私の気持は、やはりまだ努力しなければならなかったと思います。ところが、最後のお別れの時に、全部が手を握りながらお別れするわけですが「有難うございます、有難うございます、……」と言っているうちに、私の気持はぽんと変ってしまいました。涙が、ボロボロボロボロと出てですね、そうして言葉が出なくなってしまって「ありがとうございます」と言っているのが、「御世話になりました」というような形になってしまった！　――まあなんといいますか、人様に恥かしいような気がしたんだけども、率直にそこで私の殻《から》が破られてしまったというようなぐあいでございました。

そして、帰る時の気持というのは、非常に清々《すがすが》しいような気持、そして、札幌の町も桜が五分ぐらい散っておりましたが、まるで別の世の中に出てきたような気持になったわけでございます。――そういう貴重な体験を致しました。

私は元来、その時は気持が先に立って考えておりませんでしたが、二十年来神経痛で悩まされており、また痔も悪かったんですが、それが家へ帰って来ましてから、いつとなくですね、ちょうど、一皮一皮薄皮が剝《は》がされたようにそれが治ってしまいました。薬も飲みましたし、医者にもかかりました。二十年間ですから、とにかく何十人という医者にかかったわけですが、それが今、ぜんぜんそういう気持が起きておりません。痔も今はなくなってしまいました。本当に、ありがたい体験をさせていただきました。ありがとうございました。

（北海道中川郡池田町西三条八ノ八八）

全ての病気が消えた

宮崎　定男（43歳）

ありがとうございます。

ぶっつけ本番で、ここで体験発表するのは、おそらく私ぐらいの者《もん》だと思います。どうか、楽な気持でお聞き下さいませ。私は四十三歳、農業で、年間メロンを作っております。妻と三人の子供がおります。私の姉弟は六人姉弟で、上が女三人でございます。下が男三人で、その中の次男に私が生まれたのでございます。どうしたことか、この六人の姉弟の病気を背負ってたつのが私の務《つと》めでございまして、病気の代表者になりました。小さい時に脳を患《わずら》いまして、その加減か耳が悪くて中耳炎《ちゅうじえん》になり、今もって両方の耳は鼓膜《こまく》が一つもございません。鼻は慢性の蓄膿症《ちくのうしょう》でございます。胸は結核《けっかく》でございます。心臓は心臓弁膜症《べんまくしょう》でございます。胃は胃拡張、胃下垂《いかすい》、そして幽門狭窄潰瘍《ゆうもんきょうさくかいよう》でございます。腰はヘルニアでございます。まだ数多く病気がございまして、事業もうまく行きません。

〝どうしても、こんなことでは食って行けないではないか〟と思いましたのが今年の七月でございます。十五日のあの台風の時に私は練成へ行かせてもらいました。そうして二日目の悦《よろこ》びの日でございます。神谷隆夫先生の神想観《しんそうかん》の時でございます。素直に私は神想観を受けました。

その時にちょうど、太陽のようなものか、光を私はいただきまして、頭から爪先《つまさき》まで寒いものをスーッと身に感じたのでございます。その後に、暖かい光を燦々《さんさん》と浴びまして、私の全部の病気がその時に消えたのでございます。ありがとうございます。鼻がつまっていたのが治ったのです。夜、口を開《あ》いて寝たのが、口を開けずに眠れるのです。大変、空気が美味《おい》しいのです。耳から耳垂《みみだれ》が出ていたのが、ぴたりと止まりました。十三日後でしたが、大豆ぐらいのと、小豆《あずき》つぶぐらいのものが耳からころりと出まして、家内が驚きました。ちょうど、石の固まりで、中に白いのから赤いのからいろいろ混っておりましたが、それで私の耳は、その時よりも今は、ずっとよく聞えるようになったのです。胃の痛みも、ヘルニアも絶対、痛い所がないのであります。全ての病気が消えたのでございます。本当の姿に戻ったのでございます。そして、この世の中が面白くて、楽しくて仕方が無いのでございます。メロンを作れば、メロンがぐんぐん良くなる、よく売れます。これを見ました私の兄が、生長の家を絶対反対しておったのでございまして、家《うち》の人にも迷惑をかけ、親戚の人にも度々《たびたび》、親族会議を開いてもらったような兄貴《あにき》でございますが、私のこの素晴しい御教えをいただいて来た体を、いろいろ為《な》すこと全てが当るので、「俺も、ひとつ練成へ行って来ようか?……」と言うのでございます。「浜松の練成会は十五日だから、一日も早い方がいいから、俺は東京の飛田給へ行く!

……」というので、現在、飛田給へ行って錬成を受けております。一昨日は、谷口清超先生の前で体験談を発表したそうでございます。真に素晴しい！　この世は私には極楽浄土でございます。本当に私は、病気の代表者から幸福の代表者に変ったのでございます。ありがとうございます。

なお、時間が少しございますようですから、もう一つ申し上げます。これは私の姉のことでございますが、姉は二十年余り、看護婦をやった看護婦のベテランでございますが、縁ありまして、東京は銀座の伊藤金二郎という方に後妻《ごさい》に嫁《とつ》ぎまして、この姉が、一所懸命二人で溜《た》めたお金が出来まして、ビルを建てようという時に、手を出してはならない小豆相場に手を出しまして、二億五千万円余の損を致しました。これを悲観致しました姉は老後のことにも思い悩みまして実家に帰り、遺書を書きまして、四合五勺《ごうしゃく》のお酒を飲みました。睡眠薬の致死量、必ず死ねるという睡眠薬を服《の》みまして、時は四十二年の二月十二日の夜でした。

原野谷川の杓具寺という所の深さ三メートルもある水の中へ、ざんぶと飛びこんだのでございます。

それとは知らず、知らせを受けた私は、一所懸命に本家へ行って捜したのです。義兄《あに》は酒を飲んで、〝今に帰って来るだろう〟というので捜しません。その内に遺書が見つかり、なお、父母もうろたえておりましたので義兄《あに》も捜す気になり、捜した時にはおりませんでした。真にもったいない無い話でありますが私は、『甘露《かんろ》の法雨《ほうう》』の全文を読むのを省かせていただきまして「どうか神様、姉を助けて下さい」といって、「カンロノホーウ」「テンシノコトバ」と、これだけを繰返させていただきまして、これを何千回と行いました。翌日の朝、行ってみますと、姉があに図《はか》らんや、水に浮いておりました。「まことに申し訳なかった！　早く来ればこんなことがなかったのに……」と言って抱き上げたのでございます。どうでしょう、その時に、たった一回ではありましたが、私に微《かす》かに息を「ふうー」と吹きつけたのであります。「有難うございます……」思わず「甘露の法雨、天使の言葉」でございます。この姉が病院へ入りまして、八ヵ月後に健康になりまして東京へ帰り、そうして今、三年後に、「二千万円の貯金が出来ましたよ……」と言われた時の私の嬉しかったこと、いかばかりでしたか……。ありがとうございます。

皆さん、今こそ大静岡県建設のため、人類光明化のために立ち上がろうではありませんか。今、こうして居《お》られる皆さんの中でまだ幸福になれない方、浜松の練成では十五日から二十日まで練成を行っております。諸先生が詳しく解説をして下さいます。手を取って、教え導いて下さいます。どうか練成を受けて下さい。幸福が倍増されます。無限であります。奇蹟が続出致します。「疑わずに吾《わ》が光を受けよ。われは『完成の燈台《ななつのとうだい》』に燈《ひ》を点ずるものである」でございます。ありがとうございます。

（静岡県掛川市細谷五一二）

浄心行の功徳

池田　サカエ（47歳）

皆様、ありがとうございます。

私が、この御縁に触れさせていただいたのは、ほんのごく最近、二ヵ月前のことでございます。先生から、「あんたは胆石《たんせき》で手術、もう早いことせないかん……」という診断を受けたのでございます。その時、私は、もう相当、体が衰弱しておりましたので、自分の体は、もうどうかして、自分の力で治さなきゃいかん！　と決心させてもらいました。〝それをするには、やっぱり神様にお縋《すが》りせねばならん〟と思いまして、まあ考えたのでございます。

そしたら幸い、近くに地方講師の籠谷先生がおられますので、私、そこへ相談にまいりました。そして、「こうこう言われたのやけど、どうしましょうか?」と相談させてもらいましたら、「まあ、あんた三日間の見真会《けんしんかい》受けなさいよ。そしたら、あんたの病気やったらすぐ治りますわ……」と言うて私を励ましてくれたのです。「それやったらすぐ受けさせてもらいます」と素直に返事致しまして、籠谷先生に連れだって県の教化部へ行かせていただきました。

本当に、「生長の家」がどんなものであるかということがぜんぜん分らなかったのでございますが、まあ案内で行かせていただきましたら、北尾先生初め、諸先生が本当に、にこやかな顔で私を迎えてくれたのでございます。それで、生長の家というお話を聞かせていただいたら、一つ一つ聞かされる中に、ああ、ありがたいなあ……私は今まで間違ったことしてた、ということを解《わか》らせていただきまして、楽しい、本当に見真会が出来たのでございます。二日目の晩の浄心行の時に、私は、〝もう本当に今まで悪かったなあ、私が本当に今まで思い違いしてた〟と思って、心の中から懺悔《ざんげ》させていただいたのです。そしたら、ほんまに涙が腹の底から湧き出るように出て来て、終った後も半時間ほどうつむいて泣いてばっかりおりました。その時、〝ああ、私が今まで我《が》ばっかり張って来たんが、やっぱり、それが石になって、自分の体で自分を困らせていたんだなあ、ああ悪かった！……私は悪い嫁であり、また悪い妻であり、悪い母であったなあ〃ということを初めて解らせていただいたのでございます。そしたら、その時から一遍《いっぺん》に体がすっと軽くなりまして、本当に、その胆石という石がどこへ行ったんか？……もう体がほんまに浮き浮きして来ました、その浄心行が終りましたら……。〃ああ有難かったなあ！　私はここへ寄せていただいて本当に、もう、この御教《みおし》えに入らせてもろうて本当に日は浅いですけど、本当に良かったなあ〃と思って、喜んで家へ帰ったのでございます。

そして、家へ帰りましたら、主人や子供が、「もうお母ちゃん、三日間の間にずっと変って帰ったなあ。ほんまに、お母ちゃんそんだけ行って来て良かったなあ、治ってくれて……」と言うて、ほんまに涙をこぼして喜んでくれました。私も、〃自分の体は良くなるし、また、みんなからそれだけ喜ばれて、本当に、この見真会は良かったなあ〃と思って自分が喜ばせていただいたのでございます。そして、また八月の見真会も三日間受けさせていただきました。そしたら、やっぱり生長の家ということが、神の子ということがだんだん解らせていただいて、本当に、もう今ではありがたい毎日、もう楽しい一日を過ごさせていただいております。未熟な者ですけど……ありがとうございます。

（奈良県宇陀郡榛原町萩原）

伝道なくして真の信仰なし

橘　有一（58歳）

皆さん、ありがとうございます。

私は、父の頃から「生長の家」でございまして、私がちょうど、生長の家の二代目でございます。私が生長の家に入りまして約三十年ばかりになりますが、入りましたのは、ちょうど、上海に居る当時でございまして、非常に熱心で、一週間に一遍《いっぺん》は必ず誌友会に行く。私ら夫婦が行かなければ誌友会が始まらないといったくらい熱心に通ったこともありました。或《ある》いはまた、東京に参りまして、いろいろ活動も致したこともあります。

ここ三年ほど前から、私、生長の家の練成というものを受けまして、これで初めて、これが生長の家だ！　ということを身をもって感じたのでございます。実は、本日の体験談は、練成というものは生長の家にとっては、もう本当に大切なものであると、そして、求道《ぐどう》というものは、伝道なくして求道はないのである！　ということを体験をさせていただいて、生長の家を長くやっておりましても、伝道というものを忘れてしまったら裏づけがないから、結局行き詰まりが来てしまうんだということを、私、皆さんを練成にお勧《すす》め致しまして、それを痛感したのでございます。

一昨年の春から約三十何回、毎月、一番最初に練成へ皆さんを御案内致しまして、それから私、その練成やっていらっしゃるのをまた見に行くんでございますが、約二百八十名ぐらいの方を練成にお誘い致しました。いずれもみんな素晴しい素晴しい、本当に生長の家というのはこんなに素晴しい！　ほとんど御案内した方は、生長の家を知らない方ばかりでございます。親戚の人とか、友達の方とか親しい人にお勧めして、或《ある》いはまた、いろいろ関係ある人にお勧めしておりますが、生長の家というものは素晴しいものだ！　ということを、練成によって初めて知られる方が非常に多いのでございまして、その練成受けられた方、私の経験では、生長の家をぜんぜん知らないで、「生長の家は大嫌いだ」とおっしゃる方は、一番生長の家が好きな方であるということを私、痛感したのでございます。「もう絶対、生長の家は行かない」と言う人にお勧めすると、「絶対に生長の家は、絶対に素晴しいんだ」ということを私は知りまして、人に生長の家を勧めて、「生長の家なんて何言っているんだ?」とおっしゃる方は一番、生長の家が好きな方なのです。

それで私、そういうことを、ある会社の営業部長をしている方に、もう二年間にわたってお勧め致しまして、最後に私の取り引きと交換条件にして、その部長に中堅幹部練成をお勧め致しました時、もう取り引きと関係があるから、仕方がないから五日間行って下さった人が、帰って来て物凄い熱心な方になって「私の部下全員、約三十名に全部練成を受けさせてしまう」と言いまして、今、毎月出しておりますが、会社の空気がすっかり変って、経営の内容もどんどん好転して行くという実例もございます。或《ある》いはまた、生長の家十日間勧めたところが、「三日なら行く」と言う私の従兄《いとこ》が、この練成道場に来まして、この飛田給の練成道場の玄関に入った時に胃潰瘍が治ってしまっています。

或いはまた、河口湖におきまして、心臓病で四十日間も入院されて、そして風呂も全然入れない人が河口湖の練成道場に来て風呂に入ったら、その場で心臓病がなくなっちまった、そういう方なんですね、心臓病がなくなって、つまり、今まで絶えず心臓の圧迫感を感じておりましたのがなくなったんです。心臓病はなくなってしまって、そうしてそのまま消えてしまった! 本当に素晴しい奇蹟が目の前にあったという、先ほど谷口先生のお話のごとく、「なっている木の実を見れば、その木はどんな木だということが分る……」ということをおっしゃいましたが、本当に、この真理は私、この目にこのまま見た時、私自身がまゆつばものだ、と思うぐらい不思議なことが沢山《たくさん》起って来ます。

私がお勧めしたので、ここにも来ていらっしゃいますが、胃潰瘍になられまして吐血《とけつ》されまして、そしてこれは練成ではないのでございますが個人指導を受けられて、病院では「絶対安静である」と言われて、そして九日の間、輸血されて、その輸血で持たれた方が、杉並の鈴木学《まなぶ》先生の御指導によりまして、初めて医者が胃カメラを撮って、レントゲンを撮った時、病気がどこへ行ったかなくなってしまったということや、或《ある》いはまた、私の従兄《いとこ》ですが東京医大に入院しておりまして、粟粒腸《ぞくりゅう》結核と言って、もう後二日しか持たないという方が、一晩に治ってしまったという実例、私見ております。

本当に私、今も沢山の人を御案内致しまして、いかに素晴しい真理であるかということを本当にまざまざと見た時、この教えをどうしても皆さんに勧めたいと決心致しまして、つい私はホラ吹きなものですから、一千万、東京都民は全部、練成道場に御案内したいという念願を起しまして、「私は命の続く限り練成道場に通い続ける!」と言って、家内と二人して私、毎月毎月通っています。

本当に皆さん、こんなにでかい練成道場（編集部注・飛田給道場のこと）があるんです。どこにも練成道場があります。私は今月も河口湖に行って参りました。本当に素晴しい練成道場あるんですが百人足らず。ここは、全国を相手にしている練成道場がですね、たいてい二百人かそこらだそうでございますが。私はここにいる伝道員の方とか、或いはまた地方講師の方に申しあげるのですが、一人の人が一人、毎月練成道場に送れば、その誌友倍加をして、簡単にして出来るということでございます。練成を受けた人は、筋金入りの生長の家となってくれます。心から喜んで、もう聖使命会員に本当に喜んでなって下さる、それで練成は素晴しいということを私は目のあたりに見た時に、もう皆さんに勧めなければおれない。なんとかしてこの素晴しい御教えを……私は、私の友人が亡くなったり、或いは病気したりしたということを聞くと、今度は、それが全部、私の信仰の足らんがために彼は病気をし、彼は死んだのだと、こういうようなことを痛切に感ずるようになってしまいました。

本当に皆さん、この御教えを皆さんに勧めた時、どんなに人が癒されるか、求道というものは自分が救われるためにやっている、伝道は愛行であります。「神は愛なり」伝道なくして絶対に真理が得られない、裏打ちがない！　ということを私は痛感したのでございまして、皆さんもこれから、本当に私、この場から甚《はなは》だ僭越《せんえつ》でございますが、この御教えを皆さんに勧めて、本当に喜んでいただく、そして生長の家というものは、日本の隅々《すみずみ》にいたって、「生長の家は素晴しいんだ！　生長の家は素晴しいんだ」ということを、皆さんに知れわたらすようにしていただきたいと思います。

私は今、私の町内でも、最近、家内が非常に熱心でありまして、町内の婦人会で或いは河口湖の道場に行ったり、或いはまた松本の道場に行ったり、婦人会として七人なり、八人なり、十人なりの人が「私も行ってみよう、私も行ってみよう」と言うようになったということは、本当に生長の家は宗派を超越して素晴しいんだ……という噂《うわさ》が各町々の友人間に知れわたって来た訳なのです。それでございますから、皆さん本当に、来月から、この練成道場を本当に倍にするのは、いたって簡単でございますから、皆さんお帰りになって、一人の人に伝道をして練成を受けていただいたら、本当に数年にして、生長の家の誌友が倍加することは疑いないと私思っています。

本当に私、先だっても、私の義兄が喘息《ぜんそく》で、船に乗って船長をしておりましたが、喘息で困りまして、私が練成を受けるよう話しましたところが、「お前気狂いか、馬鹿か」と言われましたけれど、それを勧めて練成受けさせたら喘息は治りまして、そして二年ばかり船に乗っていましたが、ちょうど寿命が来まして先月亡くなりました。その亡くなった時の素晴しさ、この方は無信仰でございまして、自分の母が亡くなったけど、仏壇に手を合せたことがない。仏前に、亡くなった方に手を合せたことがないという方でございまして、ちょっと変っておったという方で、そのくらい無信仰の人でございますが、その亡くなりかたは実に素晴しい！　私の子供が、兄弟が集っているところで、「死もまた楽し」ということを申しましたが、人間が、こんなに素晴しく死んで逝《い》くことが出来たら、死というものは、なんにも恐くないものだということを、それを私らに教えて死んで逝きました。本当に眠っている時に、医者が来て注射をしたのですが、そしたら、「俺が寝ているんだから、いい気持で寝ているんだから、何故起すんだ？」と言って、すやすやとして眠って逝ってしまいました。本当に皆さん、ありがとうございました。

（東京都杉並区上荻一ノ六ノ一〇）

新版　人間苦の解放宣言〈完〉

《生長の家練成会案内》

〈本部練成会〉（令和元年7月現在）

奉納金・持参品・日程変更詳細は各道場へお問合せください

総　本　山……長崎県西海市西彼町喰場郷一五六七　☎〇九五九-二七-一一五五

＊龍宮住吉本宮練成会…毎月1日〜7日（一月は休会）＊境内地献労練成会7日〜10日（開催月は問合せのこと）

本部練成道場……東京都調布市飛田給二-三-一　☎〇四二-四八四-一一二二

＊飛田給練成会…毎月1日〜7日　＊短期練成会…第三木曜日〜日曜日

＊能力開発セミナー（開催月は問合せのこと）　＊女性のための練成会（開催月は問合せのこと）

宇治別格本山……京都府宇治市宇治塔の川三二　☎〇七七四-二一-二一五一

＊一般練成会…毎月10日〜20日　＊短期練成会…第一金曜日〜月曜日

＊楽しく行ずる練成会（開催月は問合せのこと）　＊長寿練成会（開催月は問合せのこと）

富士河口湖練成道場……山梨県南都留郡富士河口湖町船津五〇八八　☎〇五五五-七二-一二〇七

＊富士山練成会…毎月10日〜17日　＊短期練成会…毎月月末日〜3日

＊能力開発繁栄研修会…無量長寿練成会（開催月は問合せのこと）

ゆには練成道場……福岡県太宰府市都府楼南五-一-一　☎〇九二-九二一-一四一七

＊一般練成会（開催月は問合せのこと）

松陰練成道場……山口県山口市阿知須字太平山一一三四　☎〇八三六-六五-二一九五

＊短期練成会…（開催月は問合せのこと）

生長の家国際本部
山梨県北杜市大泉町西井出八二四〇番地二一〇三
☎〇五五一-四五-七七七七

☆あなたの神の子をあらわし幸福をまねく

お近くの生長の家教区練成会へどうぞ！

北海道（札幌市　011-662-3911）
小樽（小樽市　0134-34-1717）
室蘭（室蘭市　0143-46-3013）
はこだて（函館市　0138-22-7171）
旭川（旭川市　0166-51-2352）
空知（滝川市　0125-24-6282）
くしろ（釧路市　0154-44-2521）
オホーツク（北見市　0157-36-0293）
大平原（帯広市　0155-24-7533）
青森（青森市　017-734-1680）
秋田（秋田市　018-834-3255）
岩手（盛岡市　019-681-2646）
山形（山形市　023-641-5191）
宮城（仙台市　022-242-5421）
福島（郡山市　024-951-2340）
茨城（笠間市　0299-57-1320）
栃の葉（宇都宮市　028-633-7976）
群馬（高崎市　027-361-2772）
さきたま（さいたま市　048-874-5477）
千葉（千葉市　043-241-0843）
かながわ菩薩（大和市　046-265-1771）
大東京（文京区　03-5319-4051）
三多摩（府中市　042-574-0641）
甲斐（笛吹市　055-262-9601）
信濃（松本市　0263-34-2627）
新潟越南（長岡市　0258-32-8388）
新潟北越（新潟市　025-231-3161）
富山（富山市　076-434-2667）
石川（金沢市　076-223-5421）
新生あすわ（福井市　0776-35-1555）
静岡（浜松市　053-401-7221）
三河（岡崎市　0564-22-0472）
豊橋（豊橋市　0532-52-1901）
名古屋（名古屋市　052-262-7761）
岐阜（多治見市　0572-24-0045）
伊勢（津　市　059-224-1177）
湖国（東近江市　0748-22-1388）
京都（京都市　075-761-1313）
両丹（舞鶴市　0773-62-1443）
やまと（大和郡山市　0743-53-0518）
国際平和大阪（大阪市　06-6761-2906）
花山見真（和歌山市　073-436-7220）
中部教化（田辺市　0739-22-4477）
八祥（神戸市　078-341-3921）
吉備（岡山市　086-272-3281）
呉（呉　市　0823-21-3182）
大山（倉吉市　0858-26-2477）
出雲（出雲市　0853-22-5331）
香川（高松市　087-841-1241）
えひめ（松山市　089-976-2131）
徳島（徳島市　088-625-2611）
高知（高知市　088-822-4178）
不知火（大牟田市　0944-56-1264）
北九州（北九州市　093-472-7636）
大分（大分市　097-534-4896）
龍宮海（佐賀市　0952-23-7358）
長崎南部（長崎市　095-862-1150）
長崎北部（佐世保市　0956-22-6474）
火の国（熊本市　096-353-5853）
宮崎ひむか（宮崎市　0985-65-2150）
南洲（鹿児島市　099-224-4088）
沖縄かりゆし（那覇市　098-867-3531）

※日程、奉納金、テキスト、持参物は直接会場にお問い合わせください。

新版《しんぱん》 人間苦《にんげんく》の解放宣言《かいほうせんげん》

生長《せいちょう》の家練成《いえれんせい》の功徳《くどく》の秘密《ひみつ》

昭和48年6月10日 初版発行
平成19年3月25日 新版初版第1刷発行
令和元年8月1日 新版初版第9刷発行

〈検印省略〉

著者 谷口雅春《たにぐちまさはる》
編者 吉田武利《よしだたけとし》

発行者 岸 重人
発行所 株式会社 日本教文社
〒107-8674 東京都港区赤坂9-6-44
電話 03(3401)9111(代表)
03(3401)9114(編集)
FAX 03(3401)9118(編集)
03(3401)9139(営業)
頒布所 一般財団法人 世界聖典普及協会
〒107-8691 東京都港区赤坂9-6-33
電話 03(3403)1501(代表)
振替 00110-7-120549

Printed in Japan

装幀 松下晴美　印刷・東港出版印刷株式会社　製本・牧製本印刷株式会社

落丁本・乱丁本はお取り替えいたします。定価はカバーに表示してあります。

ISBN978-4-531-05254-7